監修者――佐藤次高／木村靖二／岸本美緒

［カバー表写真］
スペインを追放されるセファルディーム
（ハイメ・ウゲー画、バルセローナ協会美術館蔵）

［カバー裏写真］
天体観測をする４人の天文学者
（マイモニデスの『ミシュネー・トーラー〈律法の再説〉』
の写本飾り絵、1450年）

［扉写真］
アムステルダムのシナゴーグ起工式
（ベルナール・ピコー〈1663〜1733〉の版画）

世界史リブレット59

スペインのユダヤ人

Seki Tetsuyuki
関　哲行

目次

「マイノリティ」としてのユダヤ人

『ベニスの商人』のシャイロック、『屋根の上のバイオリン弾き』▲のテヴィエ、『アンネの日記』のアンネ・フランクは、日本でもよく知られたユダヤ人（ユダヤ教徒）▲である。貪欲なまでに利潤を追求する、強欲で狡猾《こうかつ》なユダヤ人商人シャイロック。ロシア革命前夜の激動の時代を生きぬいた、敬虔《けいけん》で純朴なアナテフカ村の牛乳屋テヴィエ。そしてナチスの強制収容所で無抵抗のまま、短い生涯を閉じたアンネ・フランク。このようにユダヤ人像は、明確な焦点を結べないまま、大きな揺らぎをみせる。

ユダヤ人と日本人との関係は明治時代に遡り、明治初期以来、長崎、横浜、神戸、東京にユダヤ人共同体が組織されていた。第二次世界大戦中にリトアニ

▼『屋根の上のバイオリン弾き』 十九世紀末〜二十世紀初頭のロシアの架空の村アナテフカを舞台に、ユダヤ人の生活をいきいきと描いたショーレム・アレイヘム原作のミュージカル。三人の娘をもつ牛乳屋のテヴィエが、その主人公で、映画化もされた。

▼ユダヤ人（ユダヤ教徒） ハラハー（ユダヤ法規）によれば、ユダヤ人とは、ユダヤ人の母から生まれた者、もしくは正式な手続きでユダヤ教に改宗した者を指す。ユダヤ人（ユダヤ教徒）の指標として、前近代では主として宗教が、近代以降は血統が重視された。しかしスペインでは十五世紀半ば以降、近代的意味での「血」ではないにしても、血統が問題となっており、ユダヤ人とユダヤ教徒の区別は容易ではない。表記上の繁雑さを回避するため、本書ではユダヤ人という表記に統一した。

アで、ユダヤ人難民の救済に尽力した杉原《すぎはら》千畝《ちうね》の人道的活動や、ユダヤ人五万人の満州移住を企図した河豚《フグ》計画も、注目に値する。だが国籍を重視し、国民国家を外国人理解の指標とする日本人の多くにとって、ユダヤ人は馴染みの薄いエスニック集団であった。日本人とユダヤ人との歴史的関係の稀薄《きはく》さが、曖《あい》昧《まい》で偏《かたよ》ったユダヤ人像の一因であることはいうまでもあるまい。

それは一九四八年のイスラエル建国まで、自らの国家を樹立できなかったユダヤ人の歴史とも密接にかかわっている。紀元一〜二世紀のディアスポラ（離散）以降ユダヤ人は、ヨーロッパ・キリスト教世界、イスラーム世界を中心に世界各地に拡散し、やがてアメリカ大陸にまで達した。これらの世界においてユダヤ人は、固有の宗教、歴史、言語体系をもつ「マイノリティ（少数者集団）」として定着し、自らのアイデンティティ（自己同一性）維持のためユダヤ人共同体という独特のミクロコスモス（小宇宙）を構築した。それを核として、国民国家や宗教圏の枠をこえたネットワークも樹立したのである。ヨーロッパ・キリスト教世界、イスラーム世界、アメリカ大陸のいずれにあっても、「マイノリティ」だからこそ、ユダヤ人は複数の異文化世界を架橋するネットワーク

▼杉原千畝（一九〇〇〜八六）　リトアニア領事代理時代の一九四〇年に、ナチスの迫害を逃れたユダヤ人にビザを発給し、多数のユダヤ人を救済した日本人外交官。

▼河豚計画　一九三〇年代に日産コンツェルン総帥の鮎川義介や関東軍などにより推進された、ドイツ・東欧系ユダヤ人移民計画で、ユダヤ資本による満州国の再開発を目的の一つとしていた。

▼エスニック集団　国民国家の主要民族とは異なる文化的価値を共有するという、共属意識に支えられた集団などを意味する。マイノリティと親近性のある概念。

▼ディアスポラ　紀元後一〜二世紀にパレスティナのユダヤ人は、二度にわたり反ローマ運動（ユダヤ戦争）を組織するが、いずれもローマ軍に鎮圧され、第二神殿も破壊された。反乱の挫折とそれに続く迫害のなかで、ユダヤ人はイェルサレムへの立入りを禁じられ、ローマ帝国各地に離散していく。

を構築できたのであった。国民国家と資本主義を主要命題とする「近代世界システム」▲のなかで成立したヨーロッパの伝統的歴史学は、グローバルなネットワークをもつ、こうした「マイノリティ」としてのユダヤ人をとらえる手段をもたなかった。

だが一九七〇年代以降、価値観の多様化や近代化への懐疑を背景に、従来の歴史学研究の認識、方法は大きな転換をよぎなくされ、対象も飛躍的に拡大された。ユダヤ人のような「マイノリティ」研究の最近の隆盛も、こうした動向と密接に関係している。伝統的価値観が動揺し、民族問題や宗教問題が歴史学の主要テーマとして浮上している現在、疎外され周縁化されたヨーロッパ世界の「内なる他者」ユダヤ人は、「マジョリティ」社会であるヨーロッパ・キリスト教世界をとらえなおし、歴史学の新たなパラダイム(範型)を模索するうえで、主要な媒介変数の一つとなる可能性を内包している。とくにユダヤ人ないしコンベルソ(改宗ユダヤ人)とキリスト教徒が、長年にわたり対立と緊張をはらむ「共存」を積み重ねてきた中近世スペイン(ヨーロッパ最大のユダヤ人居住地であった)にとって、その意味するところは重大である。

▼「**近代世界システム**」　歴史家ウォーラーステインの用語で、大航海時代以降に構築された西ヨーロッパ諸国を基軸とする資本主義的分業体制を指す。

①—セファルディームとスペイン

三つの一神教

ユダヤ教とキリスト教、イスラーム教は、東地中海ないしその周辺に成立した一神教で、十字軍やレコンキスタ(再征服)運動(二一頁参照)、反ユダヤ運動の例を引くまでもなく、対立と抗争の長い歴史をもつ。その一方で、ユダヤ人、キリスト教徒、ムスリム(イスラーム教徒)は、差別と緊張をはらむ濃密な異文化コミュニケーションを積み重ねてきたのであり、その複雑で重層的な歴史がもっとも端的に展開された時空間の一つが、中世スペインであった。

『トーラー(モーセ五書)』▲を根幹にすえたユダヤ教、ユダヤ教の改革派として成立したキリスト教、そしてユダヤ教とキリスト教の影響を受けたイスラーム教。これら三つの一神教の接点となるのは、いわゆる『旧約聖書』である。三つの一神教においてアダムは始原の人類とされ、神との「契約」を交わしたアブラハムは共通の祖先とされる。ユダヤ教最大の預言者モーセ、それにイエス、イスラーム教最大の預言者ムハンマドは、系譜上はいずれもアブラハムの子孫▲

▼**『トーラー』**　『旧約聖書』の『創世記』『出エジプト記』『レビ記』『民数記』『申命記』を指す。

ヘブロンのマクペラの洞窟　洞窟には、三つの一神教徒の共通の祖先とされるアブラハムと妻サラの墓所がある。

に属し、共通の歴史意識が三つの一神教をつなぐ。それゆえアブラハムの墓所のあるイェルサレム近郊の聖地ヘブロンには、ユダヤ人、キリスト教徒、ムスリムが巡礼ないし参詣するのである。三つの一神教の対立と相互浸透を前提としたうえで、ユダヤ教とキリスト教の微妙な関係について言及しておきたい。

ユダヤ教とキリスト教

ユダヤ教では聖典『トーラー』は、片言隻句《へんげんせっく》の変更も許されない神の言葉、成文律法とされる。そのため『トーラー』を、変動する現実生活に対応させるには不断の解釈と注解が必要であり、それらを集大成したものが、研究や学習を意味する『タルムード』であった。『タルムード』は『ミシュナ（口伝律法《くでんりっぽう》）』とその解釈、注解から構成されるユダヤ人の生活規範ともいうべきもので、農事・食物慣行、宗教儀礼、家族生活、民法・刑法関係の規定などを含んでいる。中世スペインのユダヤ人は、唯一絶対神ヤハウェ信仰、神の啓示の書（成文律法）としての『旧約聖書』、口伝律法の集積である『タルムード』を共有しており、これらがユダヤ人の定義と不可分であることはいうまでもない。

▼**アブラハムの子孫**　『旧約聖書』の『創世記』によれば、全人類の祖とされるアダムの二〇代あとの子孫がアブラハムであり、その息子がイサーク（イツハク）とイシマエルである。イサークはモーセなどユダヤ人の祖先で、イエスもその系譜に属する。そしてイシマエルはイスラーム教最大の預言者ムハンマドの祖先とされる。

タルムード　タルムードは「すべての知恵の入れもの」とされ、これへの精通が、ラビの権威の源泉であった。

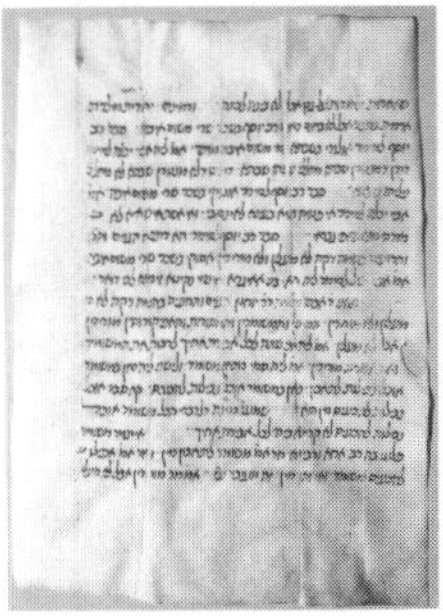

▼**エッセネ派**　世俗化したユダヤ人共同体の支配体制を批判し、死海西岸のクムランに本部をおいたユダヤ教の一派。死海文書は彼らが残したもの。律法の厳格な遵守、財産の共有、終末論やメシア思想を特色とし、質素で禁欲的な生活を送った。紀元一世紀の第一次ユダヤ戦争で、ほぼ壊滅した。

キリスト教にとってユダヤ教は異教であるにしても、キリスト教がユダヤ教を母体としていることから、両者の関係は微妙なものとならざるをえない。律法に批判的であったイエスは、割礼《かつれい》を受けたユダヤ人のラビであったし、イエスに従った原始キリスト教徒たちも基本的にはユダヤ教の枠内にとどまっていた。キリスト教はユダヤ教の一派エッセネ派(クムラン教団)▲の強い影響を受けているといわれ、ユダヤ教の基本的要素を継承しているからである。キリスト教とユダヤ教の差異が決定的になるのは、キリスト教徒の大部分がローマ人などの非ユダヤ人によって占められた二世紀以降のことであった。

ユダヤ教とキリスト教の教義は、神の顕現《けんげん》(受肉)、三位一体《さんみいったい》説、原罪、メシア(救世主)観をめぐって根本的な相違を示す。神のイエスへの顕現と三位一体説はキリスト教の基本教義であるが、神は不可視であるとするユダヤ教はこれを否定する。キリスト教において人類の原罪からの救済は、メシアの犠牲なしには不可能とされるが、ユダヤ教では個人は直接神と向き合い、それぞれの努力によって救済されると考える。メシア観も異なり、キリスト教ではメシアは神性をおび、イエスとしてすでに顕現したとするのにたいし、ユダヤ教はそれを退け、イエスをメシアとはみなさない。ユダヤ教にあってイエスは、メシアでも神でもなく異端者なのであり、ユダヤ教のメシア観がキリスト教とあい入れるはずもない。したがってユダヤ教では『旧約聖書』だけが聖典とされ、イエスと神との契約にもとづく『新約聖書』は排除される。偶像崇拝にかんしては、中世以降のユダヤ教がこれを禁止する一方で、キリスト教は比較的柔軟である。

教会組織についても同様で、ユダヤ教会はカトリック教会にみられるような、ローマ教皇を頂点とする明確な教会ヒエラルキーを樹立することはなかった。そのためユダヤ法の解釈、適応上の問題が発生すると、当初はバビロニアの神学校長(ガオン)▲に、十~十一世紀以降はそれぞれの地域において「権威」と目されたラビ(律法学者)▲に、質問状を送付してその判断をあおいだ。その質問に答えたものが、レスポンサ(回答状)である。

ユダヤ人の宗教儀礼と食物戒律

『トーラー』と『タルムード』に準拠するユダヤ人の安息日▲は、キリスト教

▼バビロニアの神学校長　中世初期のユダヤ教学研究の中心となったのは、バビロニア地方のイェシバ(神学校、四一頁参照)である。その神学校長はユダヤ法解釈の権威とみなされた。

▼ラビ　ユダヤ教のラビは、宗教指導者ではあっても、カトリック教会におけるような専門の聖職者ではない。なによりも『トーラー』や『タルムード』の学者、教師であった。ラビのあいだにも、理論上はヒエラルキーは存在しない。

▼ユダヤ人の安息日　金曜の日没から土曜の日没までを指す。この日ユダヤ人は、労働を禁じられ、集団礼拝のためシナゴーグに集まる。

ユダヤ暦　ユダヤ人の日常生活のリズムは、太陰太陽暦であるユダヤ暦によって規定された。

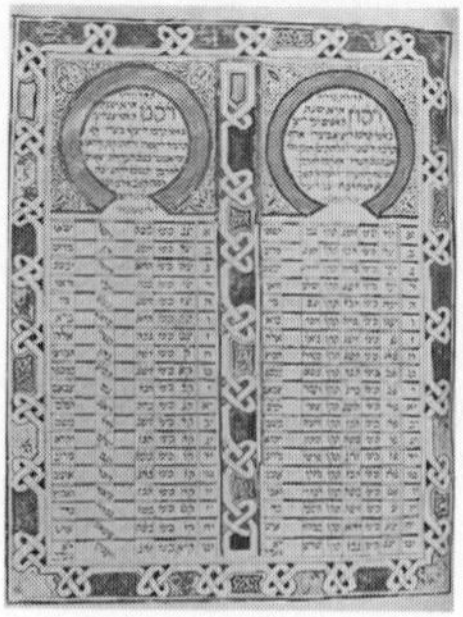

▼年中行事　新年祭は天地創造を記念した祭日。贖罪日は罪を懺悔し、神の許しを乞う日。仮庵祭は、出エジプト後の放浪時代を偲ぶ祭日。過越祭はモーセの出エジプトに由来する祭日で、マツォット(種なしパン)の祭日としても知られる。

徒と異なり土曜日である。安息日にユダヤ人はいっさいの労働を中断し、集団礼拝のためシナゴーグ(ユダヤ教会)に集まる。キリスト教徒の安息日(日曜日)はユダヤ人にとって、平日(労働すべき曜日)とされ、キリスト教徒との軋轢《あつれき》要因ともなった。

ユダヤ暦は太陰暦を基本とし、それに太陽暦を組み合わせた太陰太陽暦であり、一年は一二カ月から構成される。一年は太陽暦の九～十月にあたるティシュリ月に始まり、太陽暦の八～九月に相当するエルル月で終わる。ユダヤ暦にもさまざまな年中行事▲が組み込まれており、主要なものとしてはティシュリ月一日の新年祭、同月十日の贖罪《しょくざい》日、同月十五～二十一日の仮庵《かりいお》祭、ニサン月(太陽暦の三～四月)十五～二十一日の過越《すぎこし》祭などがある。ユダヤ暦は創造紀元を採用しており、西暦紀元前三七六一年がユダヤ暦元年となる。したがって西暦に三七六〇年を加算すると、ユダヤ暦の年号となり、西暦二〇一〇年はユダヤ暦五七七〇年である。

ユダヤ人は食物戒律(カシュルート)も遵守しなければならず、「適性で清浄な食物(コシェル)」の摂取を義務づけられた。動物についていえば、ひづめが分

過越祭の準備　過越祭のために、マツォットを焼くユダヤ人を描いたもの。

かれていて反芻《はんすう》する牛、羊、山羊の肉、それに鳥肉の一部（鶏や七面鳥）は「適性で清浄な食物」とされたが、豚やラクダの肉は不浄で食べることができなかった。魚は鱗《うろこ》と鰭《ひれ》のあるものは摂取できるが、イカ、タコ、エビ、カニなどは不浄な食物とされた。肉とミルク、バター、チーズなどの乳製品を、一緒にとることは許されなかったし、食用油としてはオリーヴ油などの植物油の使用だけが認められた。ワインについても水をまぜたワインの飲酒は、禁止されたのである。

こうした安息日と暦法、年中行事、食物戒律は、ユダヤ人のアイデンティティと密接にかかわっていた。同一都市に居住しながら、別種の神と教会組織をもち、安息日、年中行事、食文化を含む日常生活を異にするユダヤ人は、キリスト教徒にとって「内なる他者」にほかならず、キリスト教徒の反ユダヤ感情を醸成する一因ともなった。

セファルディームとアシュケナジーム

中世ヨーロッパ世界の主要なユダヤ人居住地となったのは、スペインとドイ

十五世紀末のアシュケナジーム　西南ドイツの主要都市の一つ『ニュールンベルク年代記』に描かれたアシュケナジーム。

ツであった。そのためスペインを中心に地中海世界に展開したユダヤ人は、セファルディームないしスファラディーム（スペインを意味するヘブライ語スファラドに由来）と呼ばれる一方、ドイツを中心に北部フランス、イギリス、東ヨーロッパ世界に拡散したユダヤ人はアシュケナジーム（ドイツを意味するヘブライ語アシュケナズに由来）と呼称された。近世にはいるとセファルディームの主要居住地は、オスマン帝国を中心とする東地中海世界に、またアシュケナジームのそれはポーランド、リトアニア、ウクライナなどの東ヨーロッパ世界に移動した。人口の面では中近世をつうじ、セファルディームの優位が顕著である。十二世紀にはセファルディームがユダヤ人人口の九〇％に達したといわれ、十七世紀までこうしたセファルディームの優位が維持された。今日みられるようなアシュケナジーム人口の優位は、十八世紀以降の現象である。

外来文化（キリスト教文化、イスラーム文化など）の影響や世俗文化の発展が顕著であったセファルディームは、口伝律法の解釈、異文化への適応という点でもより柔軟であった。アシュケナジームよりセファルディームにキリスト教への改宗者が多いのも、世俗文化の浸透、柔軟な口伝律法の解釈、異文化適応の進展と無縁ではあるまい。

日常言語として中世のセファルディームは、ロマンス語(中世スペイン語など)とアラビア語を、またアシュケナジームは、イディッシュ語(中高地ドイツ語にスラヴ語、ヘブライ語などを加味したもの)を使用した。しかし主要居住地が移動した近世には、セファルディームはラディーノ語(ロマンス語にアラビア語やトルコ語、ヘブライ語などを取り入れたもの)を主に使用した。日常言語と帰属意識を異にするセファルディームとアシュケナジームは、さまざまな点で相違点が少なくなく、その統合がはかられるのは十六世紀以降のことにすぎない。同じユダヤ人とはいえ、セファルディームとアシュケナジームのあいだには少なからぬ相違が存在したのである。

ユダヤ人のスペイン定住

スペインのユダヤ人にかんする最古の伝来史資料は、地中海岸の都市タラゴーナで発見された紀元一～二世紀のものとされる三言語(ヘブライ、ラテン、ギリシア語)併記碑文である。同様の碑文はタラゴーナ近郊のトルトーサ(トル

●――イベリア半島

●――**タラゴーナの三言語併記碑文**　ユダヤ人の存在を示すスペイン最古の碑文。三言語に加え、メノラー（七枝の燭台）と鳥、「生命の樹」などが描かれている。左上にはヘブライ語、右上にはラテン語とギリシア語が刻まれている。碑文の成立年代は紀元一～二世紀とされるが、異論もある。

トーザ）でも発見されており、ディアスポラ後に多くのユダヤ人が戦争捕虜や奴隷などとして、地中海岸の都市をはじめとするスペインの主要都市に定住したことをうかがわせる。四世紀初頭までにはユダヤ人はさらに増加し、キリスト教徒と密接な関係をもちはじめたため、エルビラ宗教会議はユダヤ人とキリスト教徒の分離を求めているほどである。

　古代から中世へと移行する五〜六世紀は、ユダヤ人にとっても大きな転換期であった。ユダヤ人の現実生活を律する『イェルサレム・タルムード』▲と『バビロニア・タルムード』▲が集大成され、ユダヤ史の中世が開始されたばかりではない。キリスト教の公認と国教化により、ローマ帝国内のユダヤ人の地位が、決定的影響を受けたからである。ユダヤ人とキリスト教徒との通婚禁止、ユダヤ人によるキリスト教徒奴隷の所有禁止などの法令は、それを象徴するものであった。

　西ゴート王国がスペインを支配した五世紀以降、スペインのユダヤ人はいっそう増加し、ユダヤ人共同体も自治権を認められてしだいに安定していった。アリウス派▲を奉じた西ゴート王国治下のユダヤ人は、地中海地域との対外貿易

▼『イェルサレム・タルムード』　ヘブライ語とアラム語で書かれ、五世紀にパレスティナ地方で編纂された。

▼『バビロニア・タルムード』　ヘブライ語とアラム語で書かれ、六世紀ころにバビロニア地方で編纂された主要『タルムード』。分量は『イェルサレム・タルムード』の三倍に達する。

▼アリウス派　父なる神と子なるキリストの同質性を否定して、四世紀に異端とされたキリスト教の一派。主にゲルマン人のあいだに浸透した。

など活発な経済活動を展開し、奴隷を使った農業経営に従事したり、政治・軍事上の要職につき官職を保有する有力ユダヤ人もあらわれた。初期中世のスペインにおいてユダヤ人は、今日考えられている以上に有力なエスニック集団であり、キリスト教徒民衆がユダヤ人のラビを介して豊作祈願をするなど、シンクレティズム（習合現象）▲も少なくなかった。

　だが五八九年のレカレド一世（在位五八六〜六〇一）のカトリック改宗とともに状況は一変し、七世紀以降西ゴート王権は教会と結んで、一連の反ユダヤ法を制定していく。王位継承争いが続発した不安定な西ゴート王権にとって、教会との提携、カトリックによる宗教的統合は、政治的安定確保の大前提であり、一連の反ユダヤ法はそのための手段でもあった。七世紀前半まではユダヤ人とキリスト教徒の通婚、ユダヤ人の官職保有やキリスト教徒奴隷の所有が禁止され、ユダヤ人の強制改宗▲すら命じられている。七世紀末にはいると西ゴート王権は、新たな反ユダヤ法を制定して再度の強制改宗を命じ、ユダヤ人とキリスト教徒の商取引や、ユダヤ人の対外貿易を禁止した。そのうえで西ゴート王権への反逆罪を理由に、ユダヤ人の奴隷化と財産没収を宣言したのである。一

▼シンクレティズム　神仏習合のような異なった宗教間の相互浸透を指す。一神教を原則とするキリスト教やユダヤ教でも、こうした現象がみられた。

▼強制改宗　強制改宗の結果、すでに西ゴート時代にコンベルソ（改宗ユダヤ人）によるユダヤ教の習俗保持、ユダヤ教への再改宗などの問題が生じていた。

連の反ユダヤ法の実効性は不明だが、ユダヤ人にとって脅威であったことはまちがいなく、七世紀末多くのユダヤ人が、イスラームの支配がおよびはじめていた北アフリカに移住した。この閉塞状況からユダヤ人を解放したのは、八世紀初頭のイスラームの侵攻と西ゴート王国の倒壊であった。

マディーナ・アッザフラー　マディーナ・アッザフラーは、アブド・アッラフマーン三世がコルドバ郊外に造営した王宮都市。

②―「共存」の時代

アル・アンダルスの「黄金時代」

西ゴート王国倒壊後スペインの大部分は、ウマイヤ朝の属州としてイスラームの支配下に組み込まれた。八世紀半ばにウマイヤ朝がアッバース朝によって倒されると、ウマイヤ家のアブド・アッラフマーン一世(在位七五六～七八八)は、アル・アンダルス(イスラーム支配下のイベリア半島)へ逃れ、コルドバを首都に後ウマイヤ朝を樹立した。後ウマイヤ朝は、十世紀の初代カリフ、アブド・アッラフマーン三世(在位九一二～九六一)とアル・ハカム二世(在位九六一～九七六)時代に西地中海の「覇権国家」となり、もっとも安定した時代をむかえた。しかし後ウマイヤ朝は一〇三〇年代に崩壊し、アル・アンダルスはセビーリャ、トレード、グラナダ、バレンシア、サラゴーサ王国など二〇以上の小王国から成る、第一次ターイファ(群小諸王国)時代に突入していく。

当時スペインのユダヤ人の大部分はアル・アンダルスに居住しており、十～十一世紀にはユダヤ人の「黄金時代」を現出した。十一世紀半ばにはアル・アンダルスのユダヤ人人口は五万～五万五〇〇〇人に達したといわれ、セビーリャ、コルドバ、バレンシア、グラナダ、トレード、サラゴーサなどには大規模なユダヤ人共同体が組織された。アル・アンダルスの「黄金時代」のユダヤ人は、信仰の自由と広範な自治権を認められ、皮革、繊維工業をはじめとする手工業、小売り商業、医者などの自由業、徴税請負に従事し、官職を保有して宮廷ユダヤ人となる者も少なくなかった。

それればかりではない。一部の有力ユダヤ人商人は、「イスラームの平和」を背景に、地中海各地の主要都市に代理商をおき、アレクサンドリアやコンスタンティノープルはもとより、ペルシアやインドとの国際商業にも従事した。主要取扱い商品は、香辛料や絹織物といった奢侈品《しゃし》であった。西ヨーロッパやスラヴ世界との貿易も盛んで、ユダヤ人商人による奴隷貿易は有名である。この「黄金時代」を代表するのが、アブド・アッラフマーン三世とアル・ハカム二世の宮廷医を勤めたハスダイ・イブン・シャプルートと、ジール朝グラナダ王国▲のワジール(宰相)にまで登りつめたシュムエル・イブン・ナグレーラであった。

▼**ジール朝グラナダ王国**　十一世紀の第一次ターイファ時代に、グラナダ地方を支配したベルベル系王朝。

コルドバの旧ユダヤ人街　都市西部の城壁に面した旧ユダヤ人街の一角。中世のユダヤ人街の雰囲気を今に伝えている。

宮廷ユダヤ人

イブン・シャプルート（九一五頃〜九七〇）は、ヘブライ語とユダヤ諸学、アラビア語、ラテン語に精通した最初の宮廷ユダヤ人であり、解毒作用のあるテリアカ（古代起源の薬剤）の再発見者としても知られる。医者としてアブド・アッラフマーン三世の信用を勝ち得たイブン・シャプルートは、アル・アンダルス最大のコルドバのユダヤ人共同体代表に任命され、また官職を与えられて後ウマイヤ朝の外交活動や徴税業務を指揮した。

ビザンツ帝国、神聖ローマ帝国、近隣のレオン王国との外交交渉にあたったイブン・シャプルートは、肥満体が一因で廃位されたレオン王サンチョ一世（在位九五六〜九五八、復位九六〇〜九六六）を治療し、後ウマイヤ朝の北部フロンティアの安定に寄与した。ビザンツ帝国との外交交渉の過程で、ギリシア語の医学書を贈与されると、コンスタンティノープルから派遣された聖職者ニコラスとともに、そのアラビア語訳を完成させた。ユダヤ人知識人を保護したイブン・シャプルートのもとで、コルドバはユダヤ学術研究の中心都市としての地歩を確立し、バビロニア地方から自立していくのである。

ユダヤ人共同体を代表する宮廷ユダヤ人としてイブン・シャプルートは、アル・アンダルスのユダヤ人とカリフ権力を仲介し、前者の平和と安定に意を用いた。それはアル・アンダルス以外のユダヤ人にもおよび、とくに黒海、カスピ海沿岸のユダヤ国家ハザール王国▲に多大な関心を寄せた。イブン・シャプルートは、神聖ローマ皇帝オットー一世(在位九三六〜九七三)との外交交渉に参加したユダヤ人をつうじて、ハザール王国の存在を知り、ディアスポラの終焉やパレスティナのユダヤ人国家建設について、ハザール王と書簡を取り交わしている。

第一次ターイファ時代にユダヤ人共同体の中心は、コルドバからセビーリャ、グラナダ、トレード、バレンシアなどに拡散した。住民の大部分がユダヤ人から構成され、西地中海有数のイェシバ(ユダヤ神学校、四一頁参照)を有するコルドバ南東部の都市ルセーナも重要で、アル・アンダルス最大のユダヤ学術研究の中心都市となった。この第一次ターイファ時代を代表する宮廷ユダヤ人が、イブン・ナグレーラ(九九三〜一〇五五)である。

彼は詩、哲学、宗教学など広範な分野に精通した富裕な知識人でもあった。

▼ハザール王国　トルコ系遊牧民国家。八〜九世紀にハザール王は、ユダヤ教に改宗し、迫害を逃れたビザンツ帝国のユダヤ人を多数受容した。

グラナダ　イスラーム時代の趣を残す、アルハンブラ宮殿対岸のアルバイシン地区。

▼イブン・ガビロール（一〇二〇頃～五八頃）　アル・アンダルスの「黄金時代」を代表するユダヤ人詩人の一人で、新プラトン主義の哲学者。主著にアラビア語で書かれた『生命の源泉』がある。

ジール朝グラナダ王国の王位継承争いに関与したイブン・ナグレーラは、やがてグラナダ王国のユダヤ人共同体代表、ワジール（宰相）に任命された。宰相として政治の実権を掌握したイブン・ナグレーラは、近隣諸国との戦争を指揮するかたわら、詩人で哲学者のイブン・ガビロール▲をはじめとするユダヤ人の保護に全力を傾注した。イブン・ナグレーラ没後、息子のヨセフが宰相位を継承したが、ナグレーラ家による権力の壟断《ろうだん》と『コーラン』批判は、ムスリムの強い批判をあび、一〇六六年反ユダヤ運動が発生した。ヨセフは殺害され、グラナダ市のユダヤ人共同体は大打撃を受けた。以後アル・アンダルスでは、ユダヤ人との「共存」の道が狭まっていく。

「黄金時代」の終焉

十一世紀末ベルベル系ムラービト朝は、ターイファ諸王の軍事援助要請にこたえてスペインに侵攻し、アル・アンダルスからサハラ砂漠にいたるムラービト帝国を樹立した。ムラービト朝崩壊後アル・アンダルスは再分裂（第二次ターイファ時代）するが、十二世紀半ばにそれを収拾したのが、同じベルベル系のムワッヒド朝であった。レコンキスタ（再征服）運動▲の南下を阻止したムラービト、ムワッヒド朝のもとで、アル・アンダルスは一時的に統合される。

イスラーム教の純化と強烈な聖戦意識に支えられたムラービト、ムワッヒド朝は、ユダヤ人にたいしても不寛容であり、強制改宗や青色の衣服の強制着用などの反ユダヤ政策を実施した。ムラービト、ムワッヒド朝、とりわけ反ユダヤ運動に狂奔したムワッヒド朝の到来は、ユダヤ人の「黄金時代」、ルセーナの栄光の終焉も意味した。改宗か殉教かの二者択一を迫られた多くのユダヤ人が、偽装改宗者となり、あるいはキリスト教スペイン諸国や東方イスラーム世界に移住したのである。それとともにユダヤ学術研究の中心は、アル・アンダルスからキリスト教スペイン諸国へ移動した。この苦難の時代を生きたのが、中世最大のユダヤ人哲学者マイモニデスであった。

マイモニデス

コルドバの名門の家に生まれたマイモニデス（モーシェ・ベン・マイモン、一一三五〜一二〇四）は、ルセーナで学んだ父の薫陶《くんとう》により、早くから医学や宗教

▼レコンキスタ運動　八世紀初頭から十五世紀末まで続いたイベリア半島のイスラーム駆逐運動。十三世紀後半までにはナスル朝グラナダ王国を除いて、イベリア半島の大部分がキリスト教徒の支配下にはいる。一四九二年のグラナダ陥落により完了。

ルセーナのサンティアゴ教会（旧シナゴーグ）

マイモニデス像　コルドバの旧ユダヤ人街にひっそりとたたずむマイモニデス像。

学、アリストテレス哲学に接した。医者としての研鑽《けんさん》を積む一方で、ムワッヒド朝の迫害を受け偽装改宗者となる。一一六五年にスペインを離れ、イェルサレム、ヘブロンなどを転々としたのち、アイユーブ朝の首都カイロに身を落ち着けた。ペストの脅威からカイロ住民を守ったことが評判となり、サラーフ・アッディーン（サラディン、在位一一六九〜九三）の宰相の保護を受け、やがてアイユーブ朝の宮廷医、エジプトのユダヤ人共同体代表に任命される。宮廷医やユダヤ人共同体代表となってからも、自宅でカイロ民衆の診察を続け、病気治療にあたった。そのかたわらで哲学、宗教学などにかんする多数の著作を著し、各地のユダヤ人から精神的指導者とあおがれた。

アラビア語で書かれたマイモニデスの代表作『迷える者への手引き』は、理性と信仰の矛盾に悩むユダヤ人知識人を対象に、神の絶対性、理性と信仰の調和による神との合一などを説いたものである。聖書の寓話的解釈の排除、メシアや救済にかんする徹底した合理主義的解釈に最大の特色がある。タルムード学についての著作『ミシュネー・トーラー（律法の再説）』は、ユダヤ法の新たな体系化をめざしたものであり、多くのユダヤ人が読むことのできるようにへブライ語で書かれた。こうした合理主義と体系化のゆえにマイモニデスは、中世最大のユダヤ人哲学者、「ユダヤ教の聖トマス（トマス・アクィナス）」と称されたのである。辛い迫害経験をもつマイモニデスは、偽装改宗者についても理解を示し、早まった殉教をいましめている。ここにもマイモニデスの合理主義の一端を垣間みることができる。

キリスト教スペイン諸国のユダヤ人

十一世紀前半までのキリスト教スペイン諸国では、ユダヤ人は少数であり、居住地域も首都レオンやバルセローナなどにほぼ限定された。商業・手工業に加え、土地を所有して農業に従事するユダヤ人も少なくなかった。例えば九世紀前半のスペイン辺境領では、小規模な土地を所有するユダヤ人の農民・兵士、キリスト教徒の奴隷を使って農業経営をおこなうユダヤ人が確認される。

十一世紀後半から十四世紀前半になると、人口増加や農業生産力の上昇による内的拡充、都市や商品・貨幣経済の発展、西ヨーロッパ諸国との関係強化、十字軍思想の流入などに支えられて、キリスト教スペイン諸国の軍事的優位が

●——十〜十一世紀のイベリア半島

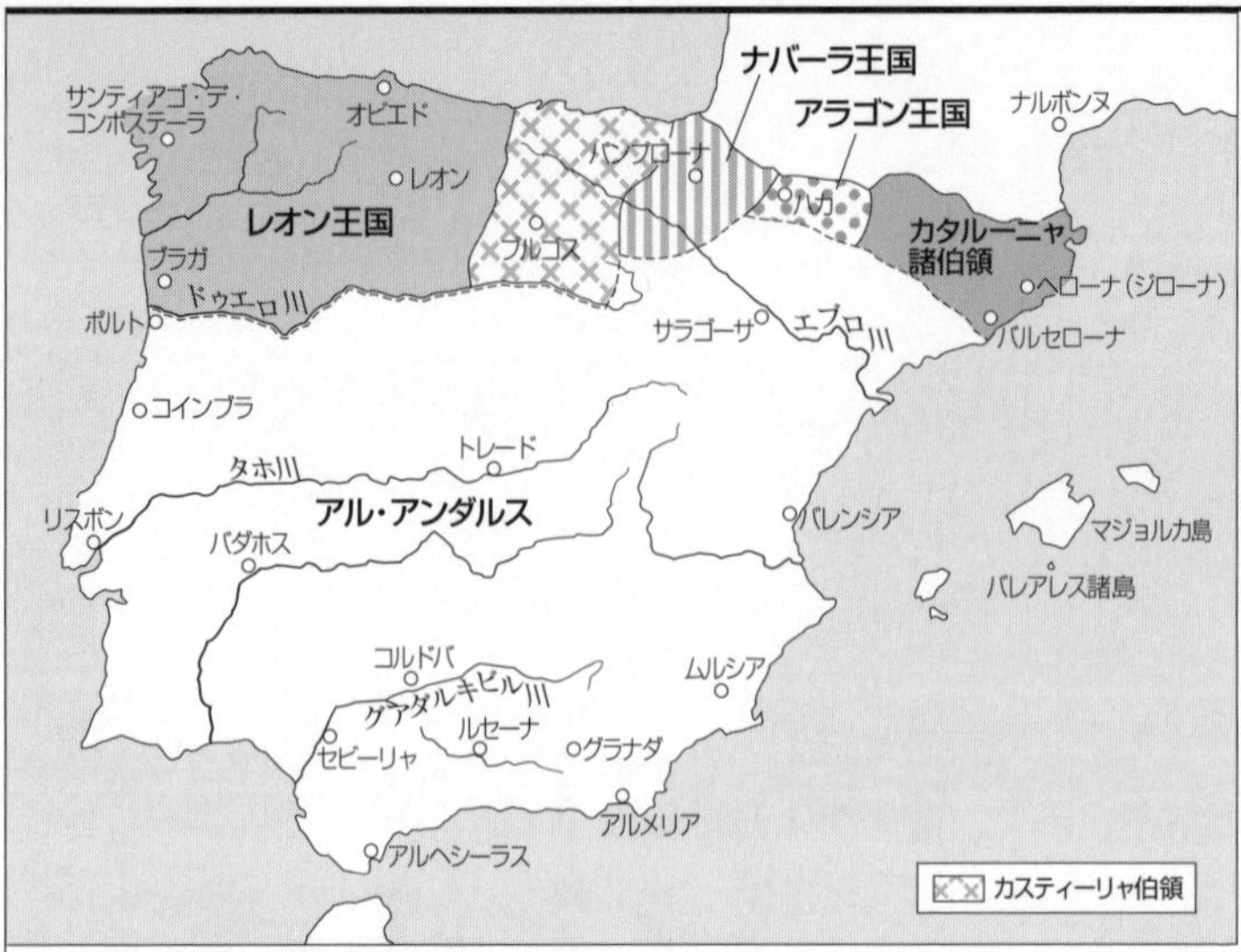
ナバーラ王国
アラゴン王国
ナルボンヌ
サンティアゴ・デ・
コンポステーラ
オビエド
レオン
レオン王国
パンプローナ
ハカ
カタルーニャ
諸伯領
ブルゴス
ブラガ
ドゥエロ川
ヘローナ（ジローナ）
ポルト
サラゴーサ
エブロ川
バルセローナ
コインブラ
トレード
タホ川
アル・アンダルス
リスボン
バレンシア
マジョルカ島
バダホス
バレアレス諸島
コルドバ
グアダルキビル川
ムルシア
ルセーナ
セビーリャ
グラナダ
アルメリア
アルヘシーラス
カスティーリャ伯領

●——十三世紀のレコンキスタ運動とイベリア半島

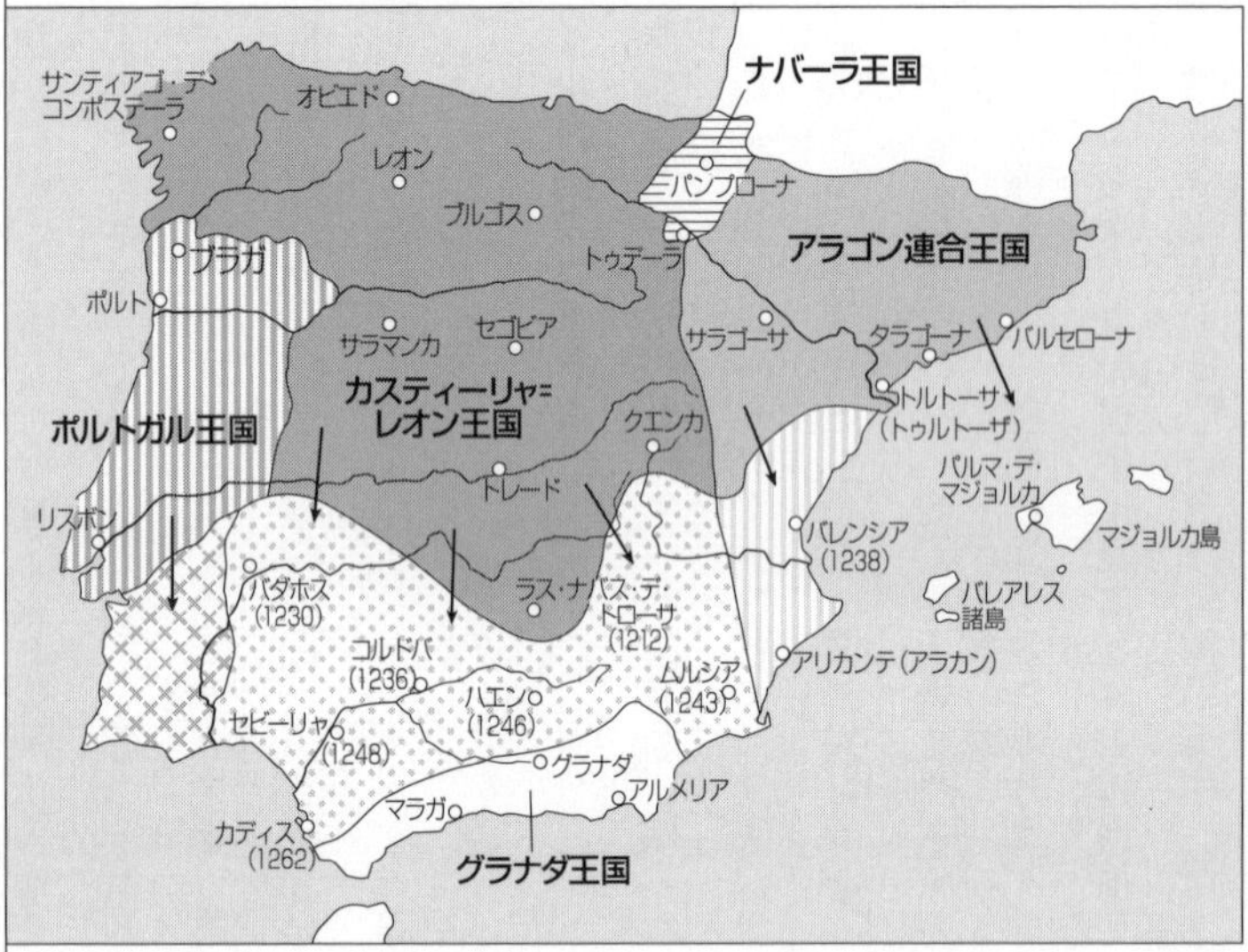
ナバーラ王国
サンティアゴ・デ・
コンポステーラ
オビエド
レオン
ブルゴス
パンプローナ
トゥデーラ
アラゴン連合王国
ブラガ
ポルト
サラゴーサ
タラゴーナ
バルセローナ
サラマンカ
セゴビア
カスティーリャ＝
レオン王国
トルトーサ
（トゥルトーザ）
ポルトガル王国
クエンカ
パルマ・デ・
マジョルカ
リスボン
トレード
バレンシア
(1238)
マジョルカ島
バダホス
(1230)
ラス・ナバス・デ・
トローサ
(1212)
バレアレス
諸島
コルドバ
(1236)
ムルシア
(1243)
アリカンテ（アラカン）
ハエン
(1246)
セビーリャ
(1248)
グラナダ
アルメリア
マラガ
カディス
(1262)
グラナダ王国

確立する。カスティーリャ王国▲やアラゴン連合王国▲が成立して政治的再編が進行するとともに、サンティアゴ巡礼路都市▲の発展や地中海への進出が本格化した。ムラービト、ムワッヒド朝という一時的阻害要因はあったものの、レコンキスタ運動は着実に進展し、十四世紀前半まではグラナダ王国を除くスペインの大部分が再征服されたのであった。その過程で多数のユダヤ人が、国王隷属民としてキリスト教スペイン諸国の支配下に組み込まれた。▲ユダヤ人が農業から商業、手工業に主要な生産基盤を移動させ、都市への集住を強めたのも、この時期であった。

こうしてカスティーリャ王国のブルゴス、トレード、コルドバ、セビーリャ、アラゴン連合王国のバルセローナ、サラゴーサ、バレンシア、パルマ・デ・マジョルカ、ナバーラ王国のトゥデーラなどに大規模なユダヤ人共同体が築かれた。とくに十三世紀のトレードには一五〇〇人にものぼる多数のユダヤ人が居住し、トレードは「スペインのイェルサレム」と呼ばれた。

急速な再征服・再植民運動の進展は、ユダヤ人の協力を不可欠とし、ムラービト、ムワッヒド朝や西ヨーロッパ諸国でみられたような反ユダヤ運動を抑制

▼カスティーリャ王国　一般には一二三〇年にレオン王国との統合により成立した王国を指す。十五世紀末のイサベル一世時代に、アラゴン連合王国と合同。

▼アラゴン連合王国　一一三七年に成立したバルセローナ伯領を中心とする同君連合国家で、地中海との関係が深い。

▼サンティアゴ巡礼路都市　十一世紀後半以降のサンティアゴ巡礼の盛行を背景に、北部スペインに成立したブルゴス、レオン、サンティアゴ・デ・コンポステーラなどの都市を指す。

▼レコンキスタ運動とユダヤ人　ムラービト、ムワッヒド朝によるユダヤ人迫害は、知識人を含む多くのユダヤ人をキリスト教スペイン諸国に移住させたが、彼らの一部はレコンキスタ運動の進展にともない、キリスト教徒とともに旧イスラーム・スペイン諸都市に再入植した。

させた。地域差はあるが、この時期のキリスト教スペイン諸国では、差別と緊張をはらみながらも、イスラーム・スペインや西ヨーロッパ諸国以上に寛容な「共存」が維持されたのであり、それを背景にキリスト教スペイン諸国は、中世ヨーロッパ最大のユダヤ人居住地へと成長した。十三世紀にはカスティーリャ王国だけでも、約一〇万人のユダヤ人が居住したといわれる。トレードの翻訳活動とバルセローナ討論、『七部法典』は、キリスト教スペイン諸国の「共存」の一端を示すものである。

トレードの翻訳活動

一〇八五年アルフォンソ六世（在位一〇六五～一一〇九）は、スペイン中部の主要都市トレードを攻略し、キリスト教徒、イスラーム教徒、ユダヤ人への支配を根拠に「皇帝」を称した。異教徒に寛容な第一次ターイファ王国の首都であったことから、トレードにはアラビア語とラテン語に精通したユダヤ人やコンベルソ（改宗ユダヤ人）、モサラベ（イスラーム支配下のキリスト教徒）▲知識人が多数居住しており、古典文化やイスラーム諸学関連の文献も豊富に蓄積されて

▼**モサラベ**　西ゴート（モサラベ）典礼を保持した、イスラーム支配下のキリスト教徒を指す。十一世紀末以降ムラービト朝やムワッヒド朝の迫害を受け、多くはキリスト教スペイン諸国に避難した。

●——**十二〜十三世紀のトレードの都市プラン**

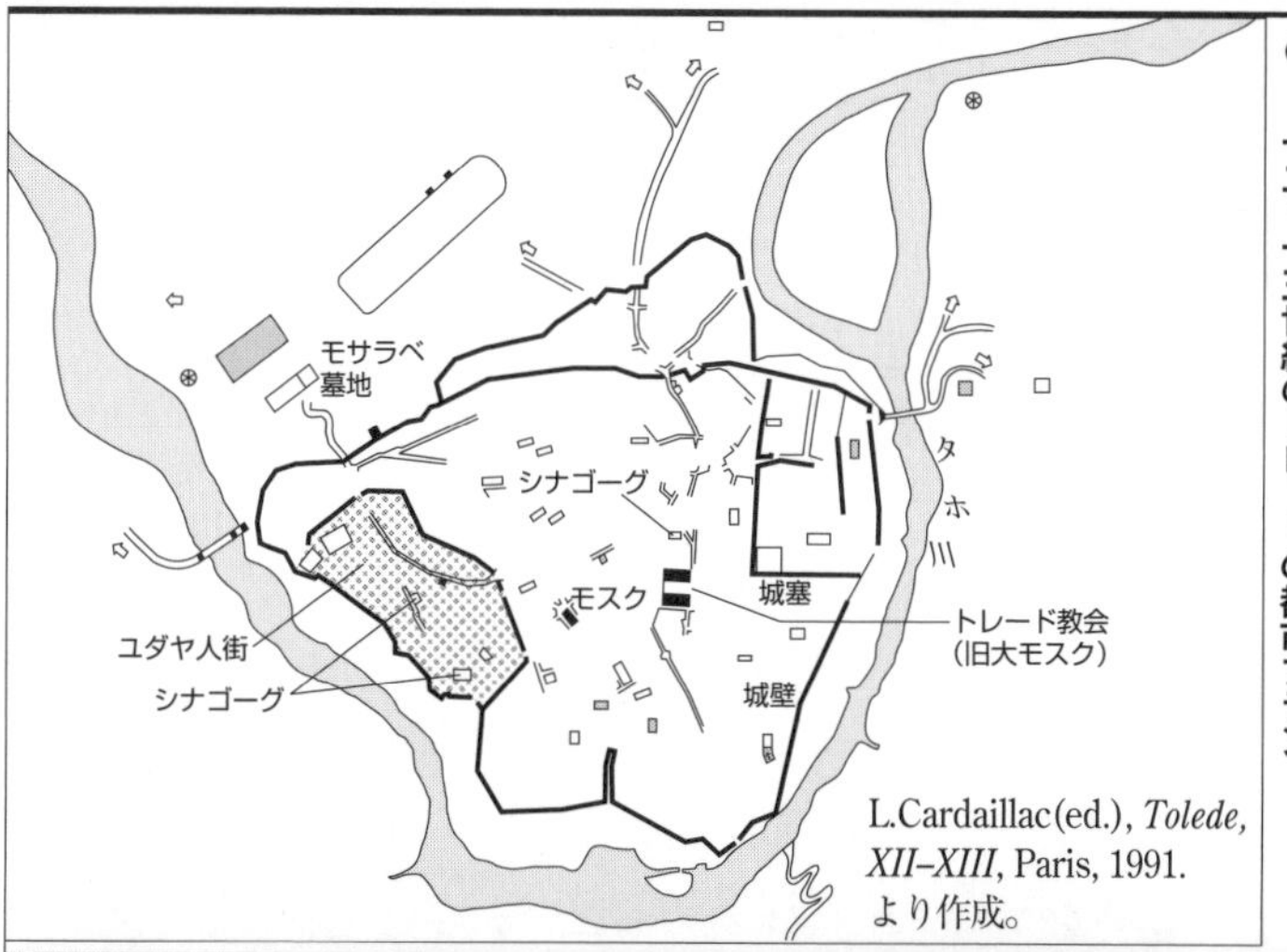

L.Cardaillac(ed.), *Tolede, XII–XIII*, Paris, 1991.
より作成。

●——**天体観測をする四人の天文学者**　中世後期のスペインでは、アストロラーベ、四分儀、コンパス、時計などの天体観測機器を使って、天体観測が実施された。アルフォンソ十世側近のユダヤ人天文学者の手による『アルフォンソ天文表』は、長期にわたるこうした天体観測の成果にほかならない。

いた。ムラービト、ムワッヒド朝による迫害は、多くのユダヤ人知識人の北部への移住を促し、ルセーナにかわりトレードがユダヤ学術研究の中心都市となった。十二〜十三世紀のトレードは、トレード大司教ライムンドやカスティーリャ王アルフォンソ十世(在位一二五二〜八四)の保護下に、古典文化とイスラーム学術研究に関心をもつ、内外の多数の知識人を引きつけたのである。「トレードの翻訳グループ」を主として担ったのは、スペイン内外から集まったキリスト教徒知識人であった。彼らは今日のような学校こそ組織しなかったものの、私塾を経営するユダヤ人やコンベルソ、モサラベ知識人の協力をえて、古典文化やイスラーム諸学の翻訳を手がけた。翻訳対象は哲学、神学から自然科学まで多岐にわたったが、十二世紀にとくに重視されたのは神学と哲学であった。スペイン人キリスト教徒のドミンゴ・グンディサルボ、在地のユダヤ人ないしコンベルソとされるファン・イスパーノ、クレモナのジェラルド、サレシェルのアルフレッド、ドイツ人ヘルマンなどがそれで、イブン・シーナー▲、アル・ガザーリー▲、アリストテレス、イブン・ルシュド▲、エウクレイデスなどの著作をラテン語訳したのである。

▼イブン・シーナー(九八〇頃〜一〇三七)　イスラーム哲学者、医者。ラテン名アヴィケンナ。アリストテレス哲学に注目し、中世スコラ哲学を大成したトマス・アクィナスに大きな影響を与えた。医学書『医学典範』の著者としても有名。

▼アル・ガザーリー(一〇五八〜一一一一)　ラテン名アルガゼル。アリストテレスの影響を受けたイスラーム神秘主義者。主著に『宗教諸学の蘇り』がある。

▼イブン・ルシュド(一一二六〜九八)　コルドバ生まれのイスラーム哲学者、医者。ラテン名アヴェロエス。アリストテレス哲学の復権をはかり、理性と信仰の調和に腐心した。

翻訳活動は多くの場合、ユダヤ人やモサラベ協力者がアラビア語文献を「肉声」でロマンス語(中世スペイン語)訳することから始まった。協力者と翻訳者が共通言語である中世スペイン語で意思の疎通をはかりつつ、翻訳者がそれをラテン語に書き写したのである。アルフォンソ十世時代にはいると天文学▲などの自然科学に重心が移動し、翻訳者の大部分がカスティーリャ人となったばかりではない。翻訳書が俗語の中世スペイン語で表記され、トレードの翻訳活動の国際性が失われたのであった。

翻訳活動のあり方に時代差が認められるとはいえ、これらをつうじて西ヨーロッパ世界にアリストテレス哲学や新プラトン主義▲、自然科学のさまざまな知識、イスラーム世界の知的伝統が紹介され、「十二世紀ルネサンス」▲と呼ばれる西ヨーロッパ世界の知的復興運動にも大きく貢献したのである。

バルセローナ討論と『七部法典』

一二六三年アラゴン王ハイメ(ジャウマ)一世(在位一二一三〜七六)の司宰《しさい》下に、ユダヤ人ラビのナフマニデス▲と、コンベルソのドミニコ会士パブロ・クリス

▼天文学　アルフォンソ十世は宮廷ユダヤ人やラビに命じて、トレードで天体観測機器を使った精緻な観測をおこなわせ、それにもとづいて『アルフォンソ天文表』が作成された。『アルフォンソ天文表』は、一六二七年までヨーロッパ天文学の基本文献であった。

▼新プラトン主義　ギリシア哲学にオリエントの神秘主義を一体化させた哲学思想で、中世のキリスト教、ユダヤ教、イスラーム哲学に大きな影響を与えた。

▼「十二世紀ルネサンス」　中世文化と近世文化の連続性を強調した概念。アメリカの中世史家ハスキンズの提唱。

▼ナフマニデス(一一九四〜一二七〇)　十三世紀スペインのユダヤ人共同体を代表する知識人の一人でラビ。バルセローナ討論後にパレスティナへ移住した。

ナフマニデスの印

ティアーニとのあいだでバルセローナ討論が展開された。これをハイメ一世に要請したドミニコ会の目的は、この討論を介してユダヤ教の虚偽性をあばき、ユダヤ人の改宗を促すことにあった。バルセローナ討論の中心テーマは、「イエスはメシアか」「メシアはすでに到来しているか」の二点に集約され、それをめぐって激論が交わされた。パブロ・クリスティアーニはいう。「キリストと訳され、ユダヤ人たちが待望するメシアは、すでに明確なかたちで到来している。（聖書に）予言されたメシアは神であると同時に人間であり、人類の救済のために苦悩し昇天したのである」。これにたいしナフマニデスは、「イエスの時代から今日まで、世界は不正と暴力に満ち満ちている」と応じ、イエスのメシア性を否定する。イエスがメシアならばイエス後の世界（メシア到来後の世界）が、「不正と暴力に満ちあふれている」はずがないではないか。

　イエスのメシア性をめぐる議論は、キリスト教とユダヤ教の本質にかかわる問題であったが、ハイメ一世はユダヤ人ラビに発言の自由を保証したのであり、このことは重要である。マジョルカやバレンシアの再植民運動に、ユダヤ人の協力を不可欠としたハイメ一世にとって、「共存」は当然、維持されねばなら

アルフォンソ十世　ムデハル（キリスト教徒支配下のムスリム）と対話するアルフォンソ十世。

ないものであった。

カスティーリャ王アルフォンソ十世が、十三世紀後半に編纂させた『七部法典』についても、同様のことが指摘できる。なるほど『七部法典』は、ユダヤ人の官職保有やキリスト教徒の奴隷所有に加え、ユダヤ人とキリスト教徒の共同飲食、共同入浴を禁じ、ユダヤ人に特有の印章携行すら義務づけている。しかしその一方で、「ユダヤ人をキリスト教徒に〔改宗〕させるにあたり、いかなる暴力や強制もユダヤ人に行使されてはならない。むしろキリスト教徒は聖書の字句と思いやりのある言葉によって、彼〔ユダヤ人〕をわれらが主イエス・キリストの信仰に導くべきである」とも規定している。

暴力による強制改宗は禁止され、特有の印章携行も十四世紀まで実施されなかった。その根底にあるのは、ユダヤ人は説得によっていつの日か真理に目覚め、自発的にキリスト教に改宗するに違いないとする「楽観主義」であった。ユダヤ人への「楽観主義」が消滅し、反ユダヤ運動と強制改宗が猖獗《しょうけつ》を極めるのは、封建制の危機の時代にあたる十四世紀後半以降である。

シナゴーグに集うユダヤ人　十四世紀なかごろのシナゴーグ内部。シナゴーグはユダヤ人の日常生活の中心であった。

③―ユダヤ人共同体の基本構造

ユダヤ人共同体と外部権力

王権の直接的保護下におかれ国王隷属民とされたユダヤ人は、一〇世帯以上が同一都市に定住すれば、王権や都市当局から信仰の自由と自治権を保証され、アルハマ(ヘブライ語でカハル)と呼ばれる自治的住民団体(ユダヤ人共同体)を組織することができた。都市共同体内の「マイノリティ」として、ユダヤ人街へ集住する傾向をみせたユダヤ人は、独自の自治的代表機関(アルハマ当局)をもち、ユダヤ人としての生活維持のためシナゴーグや学校、施療院《せりょういん》をはじめとする公共施設を不可欠とした。このユダヤ人共同体と、王権や都市共同体といった外部権力(マジョリティ社会)との関係を端的に示すのが、ユダヤ人とキリスト教徒の訴訟《そしょう》事件、ユダヤ人課税問題である。

ユダヤ人とキリスト教徒の訴訟事件にかんしては、都市共同体が初級裁判権、王権が上級裁判権を行使したが、都市裁判所ではユダヤ人の証言に法的能力が認められ、安息日(土曜日)のユダヤ人召喚《しょうかん》の禁止など、両者の法的平等が保

ユダヤ人裁判所　十五世紀前半のユダヤ人裁判所のようす。ユダヤ人相互の訴訟事件は、まずユダヤ人裁判所に提訴されねばならなかった。

証された。国王裁判所に上告された訴訟事件についても同様で、国王裁判官はユダヤ法に精通した宮廷ラビと協議しつつ、判決をくだしたのである。その一方で、ユダヤ人共同体が王権の直接的保護下におかれた特殊法領域を構成したことから、その裁判権をめぐって、都市共同体との軋轢《あつれき》が頻発したことも否定できない。

都市共同体にたいしユダヤ人は、キリスト教徒住民と同様に都市の防衛と囲壁の維持を義務づけられ、都市課税や流通税を負担した。ユダヤ人は王権への人頭税や租税、国王臨時課税なども負担しなければならず、教会所領や都市共有地を所有ないし保有した場合には、十分の一税や地代の支払いも発生した。

アルハマ当局と財政

ユダヤ人共同体全体にかかわる重大な問題が発生した非常時には、すべてのユダヤ人をシナゴーグに集めて、アルハマ総会が開催され、ユダヤ人共同体としての意思決定がおこなわれた。しかし平時にあってユダヤ人共同体の自治権を体現したのは、アデランタード(ヘブライ語でムカデミン、ネエマニム)をはじ

▼**アルハマ役人**　アデランタード、フエスなどのアルハマ役人の人数、任期は、ユダヤ人共同体の規模や時代によって変化した。十五世紀以前の有力アルハマ役人職は、有力ユダヤ人の世襲であった。

ラビ　十五世紀の衣装に身を包んだ三人のラビ。

めとするアルハマ役人▲から構成されるアルハマ当局であった。上級アルハマ役人であったアデランタードは、ユダヤ人相互の訴訟事件にかんする裁判権、違法行為者への訴追権を有したアルハマ当局筆頭であり、十五世紀以降一年任期で二～三名とされた。アデランタードの指揮下に、ラビと協議しながら裁判権を行使したのが、一年任期で三名のフエス（ヘブライ語でダヤニム）であり、アデランタードと同様に有力ユダヤ人であることが条件とされた。これら両者が、フエス判決の執行、徴税業務などにあたったアルベディ（警吏長）や、王権が追認もしくは任命したラビとともにアルハマ当局を構成し、シナゴーグ内部で週三日定期的にアルハマ当局者会議を開催したのである。アルハマ住民の生活全般を指導し、重罪事犯への破門権をもったラビがアルハマ当局の一翼を担い、アデランタードとフエスの判決に大きな影響を与えたことは、注目してよい。
　こうした構成をもつアルハマ当局は、信仰と治安の維持、社会・経済生活の安定のため、裁判権や課税権、警察権を行使したばかりではない。物価や市場、度量衡の統制権、家屋や店舗の建設認可権など広範な権限をもち、シナゴーグや貧民救済のための施療院、初等学校、墓地、宗教儀礼用の浴場などの公共施設、食物戒律に必要な肉屋や居酒屋、アルハマ共有財産も管理・運営した。

アルハマ当局を構成した主要アルハマ役人は、国際商業、金融業、徴税請負などに従事し、宮廷に出仕する有力ユダヤ人によって独占され、ラビの多くも有力ユダヤ人家門の出身であった。有力ユダヤ人による寡頭《かとう》支配が、アルハマ行政の基本形態となっていたのである。しかもトレードなど一部の有力アルハマにあっては、その当局者が近隣の中小アルハマ役人を任命しているのであり、有力アルハマと中小アルハマ間では、封建的な「都市・農村関係」すら形成されていた。

アルハマ当局はユダヤ人の宗教・社会生活維持のため、さまざまな下級アルハマ役人を必要とした。裁判文書などの作成・管理にあたった書記(公証人)、シナゴーグ管理官、施療院管理官、課税割当て官、アルハマ共有財産を管理するアルハマ財産管理官、ベードール(ギルド監督官)、アルガシル(警吏)、教師、施療院での病気治療に従事した医者などがそれである。施療院管理官は施療院で貧民や病人を給養し、課税割当て官は個々のユダヤ人への税額を決定した。ギルド監督官はユダヤ人ギルドの統制、アルガシルは末端の警察機能、そして教師は読み書きと宗教教育を中心とする初等教育にたずさわった。

アルハマの主要財源となったのは、動産・不動産課税などの直接税収入、裁判収入(違法行為者への罰金)、流通税を中心とする間接税収入、そして臨時課税であった。このほかアルハマ当局は、都市内外に所有するアルハマ共有財産をユダヤ人に貸し出して地代収入をえていたし、有力ユダヤ人からの無利子融資や公債発行にも訴えたといわれる。これらの収入の一部は王権や都市共同体といった外部権力への支払いに充当され、他の一部は学校基金や貧民救済を含めた、ユダヤ人共同体の維持費用にあてられた。

ユダヤ人共同体においては、貧民、孤児や寡婦《かふ》、ラビなどを除く負担能力のあるすべてのユダヤ人が課税対象となった。課税に先だち、徴税委員会による調査もしくは自己申告というかたちをとって課税台帳が作成され、それにもとづいて課税割当て官による税額の決定と、アルベディによるシナゴーグなどでの徴税がおこなわれた。税額に不服な者はフエスに提訴し、その変更を求めることができたが、脱税者は重罪事犯としてラビにより破門▲された。

▼**破門**　ユダヤ人共同体を危険に晒した重罪事犯(ユダヤ人相互の訴訟事件をキリスト教徒の裁判所に提訴し、キリスト教徒の介入をまねいた者など)は、ラビにより破門を宣告され、ユダヤ人共同体から排除された。破門された者はユダヤ人墓地への埋葬を許されなかった。

ユダヤ人の経済活動とギルド

ユダヤ人の経済活動は、皮革職、靴職、仕立て職、鍛冶《かじ》職、金銀細工職、大工、染色工などの手工業から、パン屋、肉屋、居酒屋といった小売り商業、香辛料・絹織物などの奢侈《しゃし》品や毛織物、ワイン、奴隷をあつかう遠隔地商業（国際商業）、金融業、徴税請負など多岐にわたった。ラビ、医者、教師、公証人といった自由業従事者もみられたし、乳母や女中などの家内労働従事者も確認される。これらの多様な経済活動のうち、多数を占めたのは皮革や繊維関連の手工業と小売り商業であった。

国際商業については、中世後期のバルセローナ、バレンシア、パルマ・デ・マジョルカの有力ユダヤ人商人による地中海貿易がよく知られている。これらのユダヤ人商人は、アレクサンドリアやアルジェなどのユダヤ人商人と共同出資会社をつくり、船舶を所有して、香辛料や絹織物、奴隷、ワイン、毛織物製品の輸出入貿易にたずさわった。十四世紀にマジョルカのユダヤ人アブラハム・クレスケス▲親子によって作成され、地中海各地とアフリカ内陸部のさまざまな情報が記載された「カタルーニャ地図」は、アラゴン連合王国のユダヤ人

▼**アブラハム・クレスケス**（十四世紀）　十四世紀後半に息子のイェフダ・クレスケスとともに「カタルーニャ地図」を作成した海図製作者。「カタルーニャ地図」は、羅針盤の利用を前提とした実用的な海図で、地中海の主要都市を結ぶ方位指示線に特色がある。一三九一年の反ユダヤ運動でキリスト教に改宗。

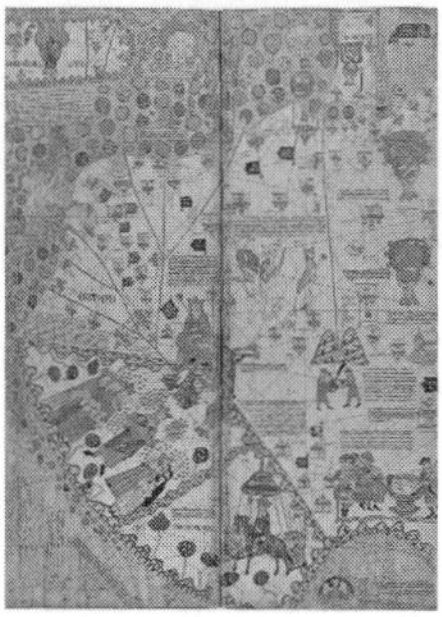

「カタルーニャ地図」　中世末期に地中海全域に普及し、地理的情報の拡大に寄与した。

による活発な国際商業の展開、広範なユダヤ人ネットワークの存在を示すものである。

金融業と徴税請負にかんしては、財務長官を勤めた有力ユダヤ人（宮廷ユダヤ人）はもとより、医者、手工業者、小売り商人などさまざまな職業・身分のユダヤ人が従事した。王権などを対象にした多額融資は一部の有力ユダヤ人に限定されたが、都市内外のキリスト教徒民衆向けの少額貸付けには、手工業者、小売り商人、女性を中心にかなりのユダヤ人民衆が関与した。そのため十三〜十四世紀のカスティーリャのコルテス（身分制議会）▲は、年利三三・三％をこえるものを高利貸付け（ウスラ）として、その取締りを王権に要請したのであった。

競争入札による徴税請負の場合、落札価格は一般に高額であり、危険を分散する意味からも、複数の有力ユダヤ人が共同出資会社をつくり、また各地のユダヤ人を結ぶネットワークを組織して徴税業務にあたった。複数のアルハマから構成されるコレクタ▲と呼ばれるユダヤ人特有の地域徴税機構が、徴税業務の円滑な推進を可能とした要因であった。

ユダヤ人による土地所有ないし保有も一般的な現象であった。多くのユダヤ

▼コルテス　キリスト教スペイン諸国では、十二世紀末〜十三世紀前半に貴族、聖職者に市民（都市代表）を加えた三〜四院制のコルテスが成立した。十三世紀以降コルテスはさまざまな反ユダヤ法を国王に請願した。一一八八年のレオンのコルテスはヨーロッパ最初とされる身分制議会である。

▼コレクタ　有力ユダヤ人共同体と、それに従属する複数のユダヤ人共同体から構成される地域徴税（課税）単位。

▼ギルド　ギルドへの加入は成員の投票によって決定され、成員である父親が死亡した場合は、十三歳以上の息子あるいは親族の優先加入が認められた。

ユダヤ人の靴職ギルド　靴職、皮革職、仕立て職などのユダヤ人の手工業者ギルドが一般化するのは、十四世紀以降である。

人が、都市近郊に小さな土地を所有もしくは保有し、自家消費を目的に家族労働力に依拠して、ブドウや穀物、野菜を作付けしたり、家畜を飼育した。ブドウ栽培と家畜の飼育は、ユダヤ人の食物戒律の面からも重要であった。その一方で、セビーリャ攻略後に王権から大きな土地を恵与された宮廷ユダヤ人もみられたのであり、彼らはキリスト教徒とムスリム保有農を使って、それを経営した。

ユダヤ人の経済活動にたいし、アルハマ当局は市場や価格・度量衡の統制権、店舗開設認可権をもち、アルハマ住民の商業・手工業をキリスト教徒との競合から保護した。肉やワインといった宗教儀礼上重要で、住民生活に不可欠の食料品をあつかう肉屋と居酒屋も、アルハマ当局の強い統制下におかれた。

ユダヤ人商人の一部、手工業者の多くが加入したギルド▲は、固有の規約と財産をもち、ギルド役職者の統制下に違法行為を働いた成員を処罰することができた。ギルドは兄弟団（信徒会、四三頁参照）としての性格も備えており、成員の相互扶助組織であったのみならず、施療院やシナゴーグをもつ有力ギルドもみられた。手工業者ギルドにあっては、親方、職人、徒弟の区別はあったが、

ユダヤ人金融業者　王権や貴族向けの多額融資をおこなうことができたのは、一部の有力ユダヤ人だけであった。

▼宮廷ラビ　王国全域のユダヤ人共同体の利益を代弁した国王側近で、国王裁判所に上告されたユダヤ人訴訟事件の判決に大きな影響を与えた。多くの場合、宮廷医が宮廷ラビをかねた。

十四世紀まで親方資格をえるための試験制度は定着しておらず、職業教育は父子相伝であった。

有力ユダヤ人、中間層、民衆

アルハマ人口の一割前後と推定される有力ユダヤ人を構成したのは、国際商業、金融業、徴税請負に従事した少数のユダヤ人上層と、一般に有力家門に出自した宮廷ラビ▲や宮廷医などの知識人であった。彼らは都市内外に大きな土地を所有し、主要アルハマ役人職をめぐって権力闘争を展開する一方で、相互に親族関係のネットワークを構築し、国王や有力貴族との密接な関係を背景に家産と権力の維持をはかった。一部の有力ユダヤ人(宮廷ユダヤ人)は、王権から免税特権すら付与され、王権の特別の保護下に、アルハマ内での支配をいっそう強化したのであった。

有力ユダヤ人とユダヤ人民衆をつなぐ中間層を構成したのが、宮廷ラビや宮廷医を除く一般のラビと医者、公証人、教師などの自由業従事者であった。ラビと医者、公証人は、主要アルハマにおかれた高等教育機関であるイェシバ

▼**医者**　医者はユダヤ人の伝統的職業の一つ。ユダヤ人医者はアルハマのみならず都市やカトリック教会に雇用され、病人の治療や公衆衛生の監督などにあたった。

イェシバの授業風景　高等教育機関であるイェシバでの講義風景を描いたもの。

（ユダヤ神学校）で学ばねばならず、多くが有力ユダヤ人家門の出身であった。ラビやユダヤ法学者が校長を勤めたイェシバでは、上級ヘブライ語文法、修辞学、天文学、医学、ユダヤ法学、タルムードなどが教授された。アラビア語、ヘブライ語、ラテン語による文献研究をおこないながら、イェシバを卒業した医者志望の学生は、開業医の指導を受けて臨床医学を学び、資格試験に合格すれば医者▲として開業することができた。多くの場合、公証人はアルハマの書記をかね、裁判文書の作成・管理に加え、アラム語で書かれた結婚契約書、商業文書の作成にもたずさわった。初等学校の教師については、一四三二年以降、生徒二五名につき一名の教師が配置されねばならず、五〇名以上の場合は二名の教師が必要とされた。教師の俸給は小規模なアルハマでは、生徒の親が財産に応じて負担し、大規模アルハマにあっては、食料品や家畜への流通税によってまかなわれた。

アルハマ人口の大多数を占めるユダヤ人民衆を構成したのは、手工業者と小売り商人、女中や乳母に代表される家内奉公人、ユダヤ人小農民などであった。小売り商人をかねた手工業者の多くは、相互扶助機能をもつギルドを組織し、職人や徒弟といった家族外労働力、息子や妻などの家族労働力に依拠して小経営をいとなんだ。繊維関連の手工業や食料品関連の小売り商業については、女性の関与も少なくなかったし、少数ながらユダヤ人小農民も存在した。女中や乳母は広範にみられた女性労働形態であり、主たる雇用主は有力ユダヤ人（女中の場合は、有力コンベルソを含む）であった。女中となったのは貧しいユダヤ人家庭の子女で、六〜七歳から奉公に出された。多くのアルハマに施療院が設置されていることから、貧民もかなりの数に達したに違いない。

一般にユダヤ人民衆は、家屋兼店舗をユダヤ人街などに有するとともに、穀物、野菜、果樹などを栽培する小規模な土地を、都市郊外に所有ないし保有し、家族労働力に依存して経営した。食料品の自給は反ユダヤ運動に晒《さら》されたユダヤ人にとって、切実な問題であった。これらのユダヤ人民衆は、アルハマ当局から排除され、有力ユダヤ人の寡頭支配下におかれていた。財政的にアルハマを支えたのは、貧民などを除き原則として課税されたユダヤ人民衆であり、宗教規範の遵守にも熱心であった彼らは、アルハマ当局を独占して、不当に課税を減免され、宗教規範からの逸脱行為のめだつ有力ユダヤ人との亀裂をしだい

▼乳母　母乳をつうじてのモラル感染が疑われたため、キリスト教徒がユダヤ人の乳母を雇用することは禁じられた。

に深めていった。

ユダヤ人の社会的結合と兄弟団

ユダヤ人社会の最小単位となったのは、父系制にもとづく単婚小家族で、平均子ども数は四人といわれる。ユダヤ人家族は家長を祭司とする礼拝単位でもあり、家長（祭司）のもとで日々の神への祈りや宗教儀礼を実践した。親族関係も緊密で、有力ユダヤ人のあいだでは、家産の流出防止、権力維持のため、従兄弟婚などの同族結婚も一般的であった。

血縁関係にもとづくこうした家族、親族集団とともに、ギルドや兄弟団（信徒会）も広範に組織された。ユダヤ人社会の相互扶助組織として、ギルド以上に重要であったのは、一般に職業や階層、性別、年齢横断的な社会的結合としての性格をもつ兄弟団である。十四世紀前半にスペイン北部の都市レリダ（リェイダ）のユダヤ人が組織した埋葬兄弟団は、閉鎖的な兄弟団ではあったが、規約と兄弟団財産（会員からの会費収入、都市内外の動産と不動産収入から成る）をもち、半年任期の男性役職者を中心に運営された。役職者は兄弟団財産の管理権、規約に違反した会員への処罰権を行使することができ、任期満了時には会計報告を義務づけられた。病気で貧窮した会員への物的・霊的援助、会員とその家族の結婚式や葬儀への参列、死亡した会員の来世での救済を願う祈念禱(宗教的機能)などが兄弟団の主要な仕事であった。一部の有力兄弟団は施療院を所有し、またラビや医者を雇用して、会員と一時滞在中の外部のユダヤ人貧民や病人への慈善活動を実践したのであり、兄弟団は死者をも含む「擬制的家族」にほかならなかった。

有力アルハマは複数のシナゴーグをもち、それを基礎に「教区」が組織された。すべてのユダヤ人成人男性は「教区」のシナゴーグでおこなわれる安息日の集団礼拝に参加しなければならず、旅行中の者や病気の者などを除き、それを怠ったユダヤ人は罰金を科せられた。集団礼拝にあっては、有力ユダヤ人に最前列の座席が割りあてられ、有力ユダヤ人によるアルハマ支配の可視的表現となった。礼拝のみならず、緊急時の避難施設、住民集会の場でもあったシナゴーグは、アルハマ住民の社会的結合に中心的役割をはたしたのである。

このようにユダヤ人は家族、親族集団、ギルド、兄弟団、「教区」といった血縁、地縁関係にもとづくさまざまな社会的結合に「多重所属」し、それらに支えられて生産と労働、日常生活をいとなんだのである。

ユダヤ人の日常生活

ユダヤ人の日常生活の中心となったのは、ユダヤ人街の中央に建つシナゴーグであった。シナゴーグは礼拝所、避難施設、住民集会場であったのみならず、シナゴーグ内部やシナゴーグ前の広場には、アルハマ当局者会議室、ユダヤ人裁判所、学校、施療院、監獄、市場とさまざまな店舗が配置されていた。新たに選出されたアルハマ役人名、ユダヤ人共同体条例、売買された不動産物件、破門宣告なども、シナゴーグやシナゴーグ前広場に公示されたのである。ユダヤ人墓地▲は、ユダヤ人街に近い囲壁外の未耕地におかれるのがふつうであった。問題が生じやすいキリスト教徒地区を通らずに、葬列が直接ユダヤ人墓地に行くことができたからである。

ユダヤ人街が「ゲットー化▲」される十五世紀まで、ユダヤ人とキリスト教徒との混住は許されたが、ユダヤ人の多くは安全上の理由からユダヤ人街に集住

▼ユダヤ人墓地　最後の審判、死者の復活への信仰から、埋葬は土葬であり、遺体は足を東、頭部を西へ向けて埋葬された。最後の審判によって復活した死者が、ただちにイェルサレムを目にすることができるようにとの配慮からであった。

バルセローナのユダヤ人の墓　バルセローナ都市史博物館に展示されているユダヤ人の墓のレプリカ。

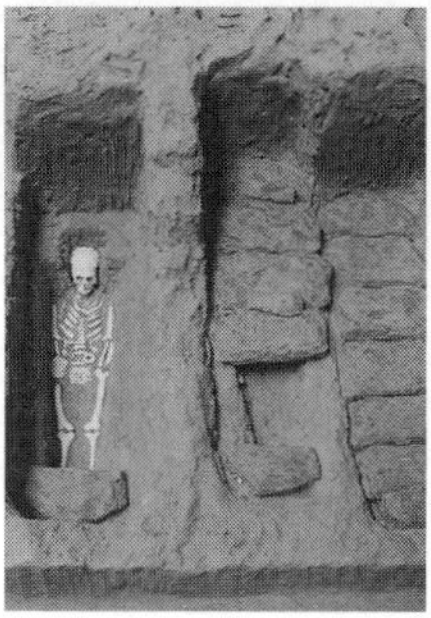

▼「ゲットー化」　中世末期以降ユダヤ人がユダヤ人街に「閉じ込め」られ、キリスト教徒居住区から物理的に分離された現象を指す。ユダヤ人が「閉じ込め」られたヴェネツィアの鋳鉄工場が、ゲットーの語源。

し、キリスト教徒と住み分けた。都市当局がユダヤ人街の拡大を規制したため、ユダヤ人の家は中庭をもってはいたが、家と家の間隙が小さく、狭い空間に家屋が林立した。ユダヤ人民衆の家屋は、一般に地下室を備えた小規模な二階建てで、街路に面した間口が奥行より小さい縦長のかたちをとった。建築資材としては、値のはる石材や木材の利用は玄関や天井など最小限の箇所に限定され、日干しレンガが多用された。床や壁には漆喰《しっくい》が使われ、貧しい家では屋根は瓦ではなく藁葺《わらぶ》きであった。寒さや雨、風を防ぐため、建物の開口部は少なく、有力ユダヤ人の家でもガラスの小窓がつけられるのは、十五世紀以降である。間取りについていえば、地下室は原料や食糧の貯蔵庫、一階部分は店舗や工房として使われ、二階が居住空間となった。二階は台所と寝室など二〜四部屋から成り、台所の中央に暖炉が配置された。トイレは中庭にあり、有力ユダヤ人の家では井戸も備えていた。

父系制のユダヤ人家庭では、女性の主要な仕事は家事・育児とされ、法的地位も低かった。妻の嫁資金《かし》、相続財産、婚後獲得財産は事実上夫に帰属したし、シナゴーグでの共同礼拝に参加する義務もなかった。女子の多くは家庭で母親

ユダヤ人の結婚式　十五世紀の有力ユダヤ人の結婚式。結婚にさいし結婚契約書が取り交わされた。

から最小限の宗教教育、家事や刺繍、裁縫などを教えられたのであり、初等学校への入学率、ヘブライ語の識字率も低かった。これにたいし男子は六歳で、ベンチと机だけの質素な初等学校に入学し、教師から基本的な宗教教育とヘブライ語教育を授けられた。十三歳で初等学校を卒業すると、男子の多くは徒弟として職業教育を受けた。書籍代や生活費は自弁であったため、イェシバ（ユダヤ神学校）に進学することができたのは、富裕で能力のある一部の男子にほぼ限定された。

男子の平均結婚年齢は十八歳、女子は十五〜十六歳であり、結婚契約書を交わし、シナゴーグでラビにより結婚式が執りおこなわれた。結婚後の数年間は夫の両親と同居することが多く、家庭内暴力も頻発した。妻には男子の出産が期待され、男子が誕生すると生後八日目の割礼式で新生児への命名がおこなわれた。これがユダヤ人のライフサイクルの起点となる。

余暇時間をユダヤ人は、タロットカード、チェス、ダイスなどに費やしたが、賭事《かけごと》による争いを避けるためアルハマ当局は、賭博《とばく》場以外での賭事を禁止した。「スポーツ」として有力ユダヤ人は狩猟、ユダヤ人民衆はダンスに興じた。実効性は不明だが、十三世紀以来ユダヤ人は、王権やコルテスによって絹織物など奢侈品の使用を禁じられていた。十五世紀になると質素な衣服(女性は頭巾)の着用に加え、ユダヤ人の識別マークである布製の赤い小さな丸印章(ロータ、ルエダ)▲を外衣の右肩や右背中、左胸などにつけるよう強制された。

ユダヤ人は唯一神信仰を遵守する一方で、さまざまな民衆信仰を維持した。旅の安全や病気治癒《ちゆ》を願う護符《ごふ》、病気治癒のための占いや呪術などは、それを代表するものである。近親者の死後九日間は、窓辺に水の入った椀と食糧が置かれたが、それは死者の魂があの世に旅立つ前に身を清め、食事ができるようにとの配慮からであった。ラビの禁令にもかかわらず、こうした民衆信仰が人びとのあいだに定着していたことは、シンクレティズム(習合現象)の広汎な浸透を示すものにほかならない。

違法行為についていえば、その罰金を定めた『バリャドリードのユダヤ人共同体条例』などから、アルハマ社会でも窃盗、脱税、暴行、傷害、殺人などの違法行為が横行していたことがうかがわれる。キリスト教徒と共謀して、ユダヤ人街で窃盗や暴行を働くユダヤ人アウトローや貧民すらみられるのであり、

▼丸印章　ユダヤ人の識別マークで、七世紀前半の正統カリフ時代に遡るといわれる。キリスト教世界では一二一五年の第四回ラテラノ公会議以降普及。七~二〇センチほどの丸型で黄色もしくは赤。着用箇所は外衣の右肩、右背中、左胸などさまざまであった。

丸印章をつけたユダヤ人　十四世紀のフレスコ画。頭巾をかぶったユダヤ人女性の左胸に、ユダヤ人の識別マークの丸印章がみえる。

ユダヤ人の護符　ヘブライ文字の円形護符。中央には神の名が記されている。ペンダントのように、首からさげて利用した。

その取締りと処罰のためにもアルガシル（警吏）と監獄は不可欠であった。「マイノリティ」としてのユダヤ人社会は、「マジョリティ」社会と同様に民衆信仰が浸透し、違法行為が頻発した社会でもあった。

ユダヤ神秘主義運動と社会改革

スペインの主要アルハマでは、十三世紀に理性と信仰をめぐるマイモニデス論争、ユダヤ神秘主義（カバラー）運動が発生し、それらがアルハマ内部の有力ユダヤ人とユダヤ人民衆の社会対立と連動しはじめる。それどころかドミニコ会すらこの論争に介入し、マイモニデスの哲学書の焚書《ふんしょ》を命じているのである。キリスト教徒支配層と緊密な関係を維持し、ユダヤ教の宗教規範から逸脱▲する傾向すら示した有力ユダヤ人は、信仰の合理的解釈を重視するマイモニデス哲学を、寡頭支配を正当化する最大の論拠とした。これに異議を唱えたのが理性よりも信仰の優位を説く反マイモニデス派のラビと、アルハマ行政の「民主化」を求めるユダヤ人民衆であった。彼らに大きな影響を与えたのが、『光輝の書』の著者で各地を遍歴したユダヤ神秘主義者のモーシェ・デ・レオン▲であ

▼**宗教規範からの逸脱**　霊魂は肉体とともに滅びるとし、極端な場合は来世や神の存在すら否定した。

▼**モーシェ・デ・レオン**（?～一三〇五）　中世スペインを代表するユダヤ神秘主義者。主著『光輝の書』で、信仰をなおざりにするユダヤ人共同体の支配層（有力ユダヤ人）を痛烈に批判した。

モーシェ・デ・レオンの『光輝の書』　同書は十六世紀のユダヤ神秘主義者にも大きな影響を与えた。

る。

ユダヤ神秘主義は、『トーラー』や『タルムード』のなかにかくされた奥義を合理主義的解釈ではなく、複雑なシンボル体系をつうじて説き明かそうとする試みであり、そこでは信仰の純化と禁欲的生活が強調された。こうした特色をもつユダヤ神秘主義運動が、ユダヤ教の律法に背反した退廃ユダヤ人として断罪したのは、合理主義を受容し、税を負担せず、国王側近となって奢侈に生きる有力ユダヤ人であった。逆に「もっとも神に近い」存在とされたのは、清貧に生きるユダヤ人民衆であり、ユダヤ神秘主義運動が、ユダヤ人民衆の強い支持を受けたのも当然であった。民衆の救済と寡頭政的なアルハマ行政の変革を求めたこの運動が、ユダヤ人共同体内部の社会的亀裂を拡大させる一因ともなる。

④—ユダヤ人追放へ向けて

封建制の危機とユダヤ人観の転換

「封建制の危機と再編」▲の時代にあたる十四〜十五世紀のスペインは、西ヨーロッパ諸国と同様の深刻な社会・経済危機に直面した。しかしカスティーリャ王国は、西ヨーロッパ諸国への羊毛や商品作物(ワインやオリーヴ油)の輸出に支えられて、十五世紀半ばまでには危機をほぼ脱却し、人口も上昇に転じた。それを背景にカスティーリャ王権は、国王行政機構を整備し都市への統制を強め、「絶対王政」への道を歩みはじめる。

地中海貿易が低迷したアラゴン連合王国では、社会・経済危機はカスティーリャ王国以上に深刻であり、人口は伸び悩み、十五世紀をつうじ深刻な危機が持続した。カトリック両王▲のもとでのカスティーリャとアラゴンの同君連合国家の形成は、それを克服する手段でもあった。社会・経済危機、政治統合の進展に加え、十四世紀までにはナスル朝グラナダ王国を除いてレコンキスタ運動がほぼ完了し、ユダヤ人との「共存」の基盤も失われつつあった。

▼**「封建制の危機と再編」**　スペインでもペストによる大幅な人口減少、貧民の増加、領主経営の危機などを背景に、十四〜十五世紀に社会・経済的対立が激化し、封建制社会は危機と再編の時代にはいった。十五世紀後半のカスティーリャ王国の人口は、約四〇〇万人、アラゴン連合王国のそれは一〇〇万人弱であった。

▼**カトリック両王**　カスティーリャ女王イサベル一世(在位一四七四〜一五〇四)とアラゴン王フェルナンド二世(在位一四七九〜一五一六)を指す。カトリック両王の称号は、グラナダ攻略の功績を讃え、ローマ教皇アレクサンデル六世から贈られた。

聖体を冒瀆するユダヤ人　イエスの身体である聖体に鉄槌を加え、切り刻み、熱湯にひたすユダヤ人を描いている。

十四～十五世紀はキリスト教徒のユダヤ人観が、根底的に変化した時代でもあった。十三世紀までのユダヤ人は、理性的手段（説得）によって真理に目覚め、いつの日かキリスト教に改宗する「潜在的キリスト教徒」とみなされていた。だが十四～十五世紀にはいると、こうした楽観論は消滅し、高利貸しや徴税請負によってキリスト教徒を収奪する、非道なユダヤ人のイメージが浸透していく。そればかりではない。ユダヤ人はキリスト教社会の破壊を目論む悪魔サタンの手先、メシアとしてのイエスを否定し、邪悪な信仰に固執する本質的に堕落した民、イエスを殺害した「神殺しの民」ともみなされた。無垢なキリスト教徒の子どもを生《い》け贄《にえ》とする儀礼殺人をおこない、聖体冒瀆《ぼうとく》を繰り返すユダヤ人との「共存」は不可能とされ、物理的手段（暴力）によるユダヤ人政策が追求された。ユダヤ人の「負のイメージ」が累積され、キリスト教徒のユダヤ人観は悲観論へと決定的に傾斜していったのである。

ユダヤ人共同体内での社会・経済格差もいっそう拡大し、寡頭《かとう》支配層を構成する有力ユダヤ人とユダヤ人民衆の対立激化、有力ユダヤ人間の権力抗争、それと連動したマイモニデス論争やユダヤ神秘主義の浸透を背景に、共同体内部の社会的亀裂がますます深まった。社会的亀裂の拡大は、キリスト教徒支配層と接触し合理主義的傾向をもつ有力ユダヤ人の改宗を促し、ユダヤ人共同体を内部から弱体化させた。以上のような歴史的前提のうえに、一三九一年キリスト教徒民衆を主体とし、スペイン全域を巻き込んだ大規模な反ユダヤ運動が発生するのである。

一三九一年の反ユダヤ運動

キリスト教徒民衆を主体とした南フランスの反ユダヤ運動の余波は、すでに一三二〇年代にスペイン北部のナバーラ王国やアラゴン連合王国に達していた。十四世紀半ばにペストが蔓延《まんえん》すると、ユダヤ人にその原因が帰せられ、アラゴン連合王国各地で反ユダヤ運動が続発した。ユダヤ人は悪魔サタン、ハンセン病(ライ病)患者、イスラーム教徒支配層と結び、井戸に毒物を投げ込み、キリスト教社会の転覆をはかっているとの風評が流布されたのである。カスティーリャ王ペドロ一世(在位一三五〇〜六九)と異母兄弟エンリケ・デ・トラスタマラ(エンリケ二世、在位一三六九〜七九)のあいだで王位継承戦争が勃発したのは、

一三九一年の反ユダヤ運動 一三九一年の反ユダヤ運動を描いた十八世紀の想像図。

▼**百年戦争**　フランドル問題やフランスの王位継承問題などに端を発する英仏間の戦争であると同時に、周辺諸国を巻き込んだ中世末期最大の国際紛争。

▼**シュムエル・ハーレヴィ**（一三二九～六九）　ペドロ一世時代の財務長官を勤めた宮廷ユダヤ人。トレードのシナゴーグ（現トランシト教会）建設者としても有名。ペドロ一世の信を失い、財産没収のうえ処刑された。

その直後の一三六〇年代のことであった。この王位継承戦争は百年戦争▲の動向とも密接にからみあい、ペドロ一世と提携したエドワード黒太子麾下《きか》のイギリス人傭兵、エンリケと結んだフランス人傭兵の双方が、スペイン北部諸都市のユダヤ人共同体を略奪した。王位継承戦争の過程でエンリケが、反ユダヤ・プロパガンダを展開したことから、民衆の潜在的な反ユダヤ感情が刺激された。反ユダヤ・プロパガンダによれば、ペドロ一世はシュムエル・ハーレヴィ▲のようなユダヤ人を財務長官に登用し、キリスト教徒を犠牲にする「残忍王」、王妃とユダヤ人との不義の子であり、正当なカスティーリャ王ではないとされたのである。

カスティーリャ王国の有力都市セビーリャでは、一三七〇年代以降エシハの聖堂助祭フェラント・マルティネスが、物価高騰に直撃されたキリスト教徒民衆への激しい反ユダヤ説教を繰り返していた。事態の沈静化をめざしたカスティーリャ王フアン一世（在位一三七九～九〇）とセビーリャ大司教があいついで没し、権力の空白が生じた一三九一年、セビーリャで民衆を主体とする大規模な反ユダヤ運動が勃発した。セビーリャで始まった反ユダヤ運動は、数カ月

●──**シュムエル・ハーレヴィの建設したシナゴーグ**(現トランシト教会)　ペドロ一世の財務長官シュムエル・ハーレヴィが、私財を投じて建設したシナゴーグが、トレードのトランシト教会である。現存するもっとも華麗な旧シナゴーグで、一三六六年に完成した。

のあいだにコルドバ、トレード、バレンシア、バルセローナ、ブルゴスなど商業ルート沿いの主要都市に飛び火し、全国規模でのユダヤ人虐殺とシナゴーグ破壊を誘発した。商業ルートが反ユダヤ情報の流通回路ともなったのである。

一三九一年の反ユダヤ運動は、主要都市のユダヤ人共同体に壊滅的な打撃を与え、セビーリャやブルゴスなどのユダヤ人人口は一〇分の一に激減した。セビーリャだけでも約四〇〇〇人のユダヤ人が虐殺されたといわれる。多数のユダヤ人が改宗を強制され、以後ユダヤ人共同体の主たる基盤は、有力都市(国王都市)から領主支配下の中小都市に移動した。一三九一年はユダヤ人追放へ向けての出発点にほかならなかったのである。

十五世紀初頭にはドミニコ会士ビセンテ・フェレール▲が、熱狂的な信者をともなってスペイン各地で反ユダヤ説教をおこない、同様に多数のユダヤ人を改宗させた。アヴィニョン教皇ベネディクトゥス十三世の臨席下に開催された一四一三〜一四年のトルトーサ(トゥルトーザ)討論では、キリスト教の正当性(メシアとしてのイエス)を主張したコンベルソ(改宗ユダヤ人)のヘロニモ・デ・サンタ・フェが、発言の自由を封じられたユダヤ人ラビを論詰し、ユダヤ人改宗

▼**ビセンテ・フェレール**(ビセン・ファレー　一三五〇〜一四一九)　トルトーサ(トゥルトーザ)討論に介入したバレンシア出身のドミニコ会士。アヴィニョン教皇ベネディクトゥス十三世の聴罪司祭を勤め、アラゴン王の選出を討議したカスペ会議ではフェルナンド一世を支持。教会統一にも尽力し、一四五八年に列聖された。

運動に寄与した。このようにして十四世紀末〜十五世紀初頭、ユダヤ人民衆から批判された有力ユダヤ人を中心に、ユダヤ人の約三分の一が改宗▲した。十四世紀末のスペインのユダヤ人人口は約二五万人（カスティーリャに約一八万、アラゴンに約七万人）とされるが、一四九二年までに約一五万人がキリスト教に改宗したといわれる。十四世紀末以降多数のコンベルソが創出され、十五世紀にはユダヤ人以上にコンベルソが大きな社会問題となった。

ユダヤ人共同体の再建

十五世紀にスペインのユダヤ人の多くは、アラゴン連合王国からカスティーリャ王国に移動した。社会・経済危機を早期に脱したカスティーリャ王国と異なり、アラゴン連合王国では深刻な危機が持続し、より激しい反ユダヤ運動▲が展開されたためであった。反ユダヤ運動が小休止した一四二〇年代以降、カスティーリャ王国では、領主支配下の中小都市を拠点にユダヤ人共同体の再建が開始される。

再建されたユダヤ人共同体▲は、十四世紀までのそれに比べ人口の面でも経済

▼有力ユダヤ人の改宗　ブルゴス司教パブロ・デ・サンタ・マリア（一三五〇頃〜一四三五）はその典型。彼に始まるブルゴスのサンタ・マリア家は、中世末期スペインを代表する有力コンベルソ家門の一つである。

▼反ユダヤ運動　アラゴン連合王国ではユダヤ人の改宗を促すため、ユダヤ人への印章強制や「ゲットー化」令が出された。

▼再建されたユダヤ人共同体　四〇〜五〇人規模の小規模なものが大部分を占めた。

面でも弱体であり、アルハマ行政も一部「民主化」されたが、残存した一部の有力ユダヤ人による寡頭支配は基本的に維持された。こうしたなかで一四三二年、徴税請負にもたずさわった宮廷ラビのアブラハム・ベンベニステ・デ・ソリア(一四〇六頃~五四)が、カスティーリャ全域のユダヤ人共同体代表とラビをバリャドリードに集め、全国ユダヤ人会議を開催した。コルテス(身分制会議)をモデルとした、スペイン最初の全国ユダヤ人会議▲である。

この会議では、十四世紀末~十五世紀初頭の反ユダヤ運動と多数のユダヤ人の改宗により、危機に瀕したユダヤ人共同体の再建が協議され、アルハミーア(ヘブライ文字で表記された中世スペイン語)による「バリャドリードのユダヤ人共同体条例」が採択された。前文、後文と五つの章から構成されるこの条例は、それぞれ第一章から第五章に学校教育▲、アルハマ行政、違法行為、課税、服飾▲にかんする規定を含んでいる。同条例はすべてのユダヤ人共同体に適用され、一四九二年に追放されるまでユダヤ人共同体のいわば「憲法」として機能した。

▼全国ユダヤ人会議　全国ユダヤ人会議の前提となったのはコレクタである。なおアラゴン連合王国では、一三五四年に全国ユダヤ人会議の開催が模索されたが実現しなかった。

▼学校教育　学校教育規定が第一章におかれたことは、ユダヤ人共同体が、その未来を担う子どもたちをいかに重視したかを示している。

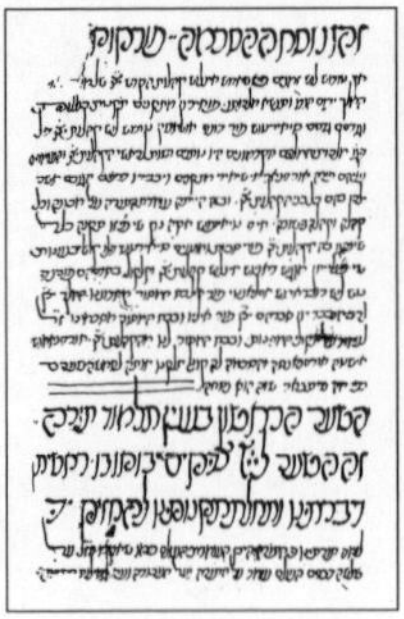

「バリャドリードのユダヤ人共同体条例」第一章学校教育規定

▼服飾　絹織物などの奢侈品の着用を禁止した服飾規定は、キリスト教徒の批判を回避し、ユダヤ人共同体を防衛しようとの意図のあらわれであった。

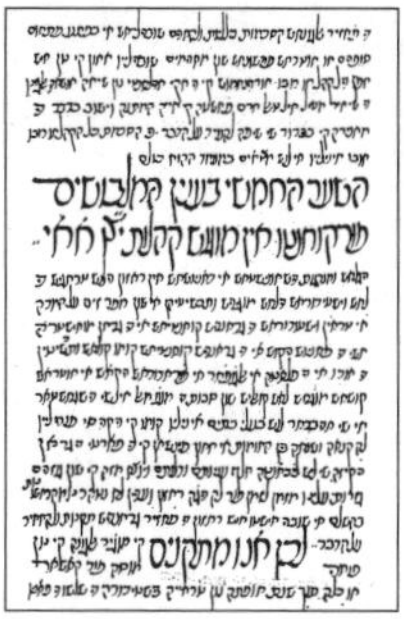

「バリャドリードのユダヤ人共同体条例」第五章服飾規定

「判決法規」　十八世紀の写本。ペロ・サルミエントは、知識人の協力をえて「判決法規」を作成した。

コンベルソ問題と「判決法規」

反ユダヤ運動が一時的に沈静化したとはいえ、十五世紀後半はユダヤ人とコンベルソの双方にとって苦難の時代であった。キリスト教徒民衆の不信と敵意が持続するなかでのコンベルソの増加は、ユダヤ人共同体を縮小させたのみならず、その基盤となるユダヤ人の家族関係にも深刻な影響を与えた。ユダヤ人の夫だけが改宗し、妻と子どもたちはユダヤ教にとどまる、あるいは子どもたちの一部だけが改宗するケースも、しばしばみられたからである。改宗によりユダヤ人の伝統的家族関係が分断されたのである。

加えてユダヤ人とコンベルソ、コンベルソ相互の対立も表面化しつつあった。合理主義的傾向をもち、ユダヤ人民衆から遊離しはじめた有力ユダヤ人の多くは、早い時期に自発的に改宗し、国王役人、都市役人、高位聖職者としてキリスト教社会の支配層へと転じた。ブルゴスの有力家門の出身で、改宗後にブルゴスの高位聖職や都市官職などを保有したサンタ・マリア家はその典型である。ユダヤ人と十五世紀前半に強制的に改宗させられたコンベルソ民衆は、こうした有力コンベルソに強い不信の目を向けた。キリスト教徒民衆も同様であり、

トレードのユダヤ人街　トレードは、中世スペイン有数のユダヤ人居住都市。ユダヤ人街は、都市西部の城壁に面した一角にある。

キリスト教徒とユダヤ人、コンベルソ間には重層化された相互不信の連鎖が構築されていたのである。

改宗したユダヤ人民衆の同化は、有力ユダヤ人以上に困難であった。コンベルソ社会の大多数を占めたコンベルソ民衆は、強制改宗者が多かった。しかし教会や王権は組織的なコンベルソ同化策をほとんどとらず、コンベルソ民衆は放置されたままであった。彼らは改宗後もユダヤ人と同一地区に居住し、ユダヤ人と緊密な社会・経済・家族関係を維持しながら、従来と同様の手工業や小売り商業に従事したのである。そのためコンベルソ民衆のなかには、ユダヤ教の宗教儀礼を実践しつづける者が続出し、キリスト教徒民衆のコンベルソ全体への不信感をますます増幅させた。

有力貴族間抗争やコンベルソを含めた都市寡頭支配層間の権力闘争と連動しつつ、一四四九年にトレードで勃発した反コンベルソ運動は、その当然の帰結であったといってよい。それは、国王側近の有力貴族アルバロ・デ・ルーナが、トレードの富裕なコンベルソ商人の献策により、都市特権を無視して、臨時課税の徴収を命じたことに端を発している。激高したキリスト教徒民衆は、その商人の自宅を焼討ちし、都市官職を保有する有力コンベルソの居住地を襲撃した。アルバロ・デ・ルーナに敵対する国王役人ペロ・サルミエントは、民衆反乱を利用して市政を掌握し、信仰の擁護とキリスト教社会の安寧を口実に、一部のコンベルソを投獄、処刑したのである。トレードの反コンベルソ運動はまもなく王権によって鎮圧されるが、運動の過程で「判決法規」が制定され、コンベルソの都市官職保有も禁止された。それが提起したのは、都市寡頭支配層を構成するコンベルソが「真のキリスト教徒」なのか、それとも偽装改宗者（マラーノ、フダイサンテ）▲なのかという問題であった。現代的意味での「血」ではないにしても、「判決法規」によりユダヤ人の家系や血統に連なる者は、キリスト教徒を支配する都市官職保有を禁じられたのである。この「判決法規」が、十六世紀以降の「血の純潔規約」につながっていく。

▼偽装改宗者　偽装改宗者はマラーノ、フダイサンテと呼ばれた。マラーノは、「豚」もしくは「逸脱」を意味するといわれる。フダイサンテはユダヤ教の宗教儀礼を遵守する者を指す。

新たな異端審問制度

貴族間抗争や王位継承争いに起因する、一四六〇～七〇年代前半の不安定な政治・社会状況を背景に、反コンベルソ運動はアンダルシーア地方の主要都市コルドバやセビーリャ、ラ・マンチャ地方のシウダー・レアルに波及し、トレードでも再燃した。シウダー・レアルでは、カトリック両王に敵対する有力貴族ビリェーナ侯も巻き込んだ組織的な反コンベルソ運動が発生し、コンベルソの都市役人が犠牲となった。これに危機感を募らせたのが、「絶対王政」の確立をめざすカトリック両王と、カトリック両王の側近や高位聖職者を含む有力コンベルソであった。すでにカトリック両王即位以前の一四六〇年代に、コンベルソのフランチェスコ会士アロンソ・デ・エスピーナ▲は、ユダヤ人がコンベルソの真の改宗を妨げているとして、ユダヤ人とコンベルソ居住地の分離、異端審問制度の導入、ユダヤ人追放すら提言していた。これを受けてカトリック両王は、ユダヤ人共同体のもつ自治権の一部を停止し、ユダヤ人居住区の「ゲットー化」、コンベルソの同化がもっとも遅れ、多数のユダヤ人の居住するアンダルシーア地方からのユダヤ人追放を命じたのである。

同時にカトリック両王は、ローマ教皇シクストゥス四世から新たな異端審問所の設立認可を取りつけ、一四八〇年セビーリャに最初の地方異端審問所を開設した(活動開始は八一年)。異端審問裁判権をめぐり、教皇庁との関係が一時

▼**アロンソ・デ・エスピーナ**(十五世紀) ユダヤ人問題、コンベルソ問題の根本的解決を指摘した著書『信仰の砦』は、ユダヤ人追放に大きな影響を与えた。

▼**トマス・デ・トルケマーダ**(一四二〇〜九八) イサベル一世と親交のあったドミニコ会修道院長。異端審問制度の基盤を確立した初代異端審問長官として知られる。

期緊張することもあったが、一四八三年コンベルソのドミニコ会士トマス・デ・トルケマーダ▲が、カトリック両王の推挙により初代異端審問長官に任命された。地方異端審問所のネットワークがスペイン全域に拡延されるなかで、十三世紀以来のアラゴン連合王国の伝統的異端審問所▲との統合がはかられ、王権に直属する異端審問会議も設立されたのであった。

このようにして異端審問長官の統括する異端審問会議と、それに従属する各地の地方異端審問所から成る新たな異端審問制度が確立したのであり、一四九二年には地方異端審問所数は一六に達した。カトリック両王によって設立されたこの新しい異端審問所は、ローマ教皇の普遍的権威によりながらも、実質的に王権の利害と緊密に結びついた国王行政機構の一部、したがって国家・教会機関であり、異端根絶を名目に王権の地方への浸透をはかる主要な権力装置▲でもあった。

異端審問裁判とモザイク国家の統合

異端審問裁判にあって異端審問官は、その指揮下にある検察官や弁護士、書

カトリック両王と異端審問長官トルケマーダ(左中段の聖職者)

▼伝統的異端審問所　一二三三年に教皇グレゴリウス九世が発した教勅に直接的起源をもち、ドミニコ会と関係が深い。アラゴン連合王国ではハイメ一世時代の一二四二年に活動を始めるが、カスティーリャ王国には導入されなかった。

▼権力装置としての異端審問所　異端審問裁判は地方異端審問所でのみおこなわれ、そこでの判決結果は異端審問会議の事前了承をえて執行された。異端審問官は王権に従属する異端審問長官の任命であり、異端審問所は国王行政機構の一環として機能した。

▼**遺骸火刑**　遺骸火刑の目的は、墓地という「聖なる空間」からの異端者の排除、浄化作用をもつ火による異端者の霊的救済にあった。

記、捜査官、警吏などに支えられ、また都市当局や教会の協力をえて、公訴されたコンベルソへの裁判を実施し判決をくだした。異端審問官が特定都市で活動を開始するにあたり、六〇日の恩赦期間が告示され、この期間に裁判所に出頭し全面自供と情報提供をおこなった者は免訴あるいは微罪とされた。同族結婚を積み重ねていたコンベルソ社会では、一人のコンベルソの出頭が疑心暗鬼を生み、保身のためコンベルソがつぎつぎと出頭することもまれではなかった。とくに異端審問所が重視したのが、コンベルソ社会を指導し、その実情に詳しい元ラビなどの有力コンベルソであり、異端審問活動の最初の標的にされたのも、こうした有力コンベルソであった。恩赦期間中に出頭しなかったコンベルソは訴追され、微罪であれば教会との「和解」を許され改悛《かいしゅん》刑と罰金ですんだが、累積犯や確信犯などの重罪事犯の場合は、多くが火刑を宣告された。逃亡したコンベルソは欠席裁判のうえで有罪とされ、肖像火刑と財産没収に処せられる一方、死後有罪とされた者は、その墓を暴かれ遺骸火刑▲とされた。

訴訟手続きについていえば、中世以来の伝統的異端審問裁判と同一であり、被告にかんする調査と証拠・証言の収集、起訴、検察官による本証と弁護士の

異端審問官による審問(右)**と証拠として提出されたハンカチ**(左)　異端審問のようすは十八世紀のもの。ハンカチには、黒い斜め十字の縁取りがある。

反証、被告および証人尋問、異端審問官の判決という手続きをとった。異端審問裁判は証拠と証言に依拠して進められ、逃亡した場合を除き被告には、異端審問所付弁護士もつけられた。しかし異端審問官は目撃証言であれ、たんなる噂であれ全ての証言を採用したため、証言の信憑《しんぴょう》性には問題があった。弁護士の弁護活動も、大きな制約を受けた。弁護士は証人尋問権をもたず(証人尋問権は検察官のみ)、裁判開始まで弁護活動を開始できなかった。告発者の氏名が被告、弁護士に伏せられたこと、検察側証人は偽証しても偽証罪に問われなかったことも、弁護活動の大きな障害となった。

それればかりではない。多くの異端審問官は、外面的行為(教会への寄進や巡礼行などのキリスト教徒としての敬虔《けいけん》な行為)によって被告の無実を立証しようとした弁護側主張よりも、被告の内面的ユダヤ性(長期にわたり意識的にユダヤ教の戒律を実践してきたこと)を強調した検察側主張を、より客観的な証明方法とみなした。そのため訴追されたコンベルソの大部分が、有罪判決をまぬがれなかったのである。こうした制約にもかかわらず、異端審問官が訴訟手続きを厳格に遵守しつつ、裁判での証拠と証言にもとづいて判決をくだしたことは重要

ユダヤ人追放令を発するカトリック両王　エミリオ・サラ・フランセス作(一八八九年)。カトリック両王の墓所のあるグラナダ美術博物館所蔵。

である。被告への拷問も、証拠や証言がえられない場合に限定されたのであった。異端審問裁判は、当時にあってもっとも客観的な裁判制度の一つであり、無差別にコンベルソを拘束し拷問を加えるとする、異端審問裁判のイメージは「神話」にすぎない。

ローマ教皇庁の承認を前提として、王権の主導下に樹立された異端審問制度は、コンベルソの「真の改宗」を目的とした国家と教会の組織的対応を意味した。異端審問制度の国家・教会機関としての性格は、異端者が国家への反逆者とされ、その財産を没収されたことにも示される。異端根絶、キリスト教社会の平和と安寧を担ったこの異端審問制度は、コンベルソへの不信を払拭《ふっしょく》できない旧キリスト教徒(伝統的キリスト教徒)民衆の意思の反映でもあり、彼らの強い支持を受けた。それを背景に異端審問制度は、カスティーリャ王国とアラゴン連合王国の双方に導入され、地方特権に分断されたカトリック両王期のモザイク国家・社会を統合するうえで、決定的な役割をはたしたのである。

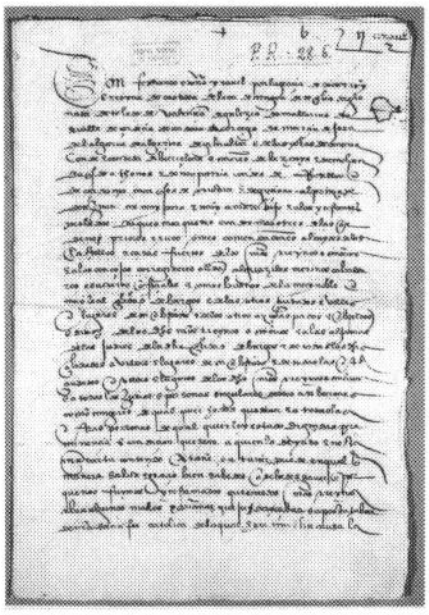

ユダヤ人追放令　カトリック両王は、一四九二年三月三十一日にグラナダでユダヤ人追放令に署名した。

▼「ラ・グアルディアの聖なる子」事件　トレード近郊でコンベルソとユダヤ人が共謀してキリスト教徒の子どもを殺害し、その子どもの心臓と教会から盗み出した聖体を使って、キリスト教社会の破壊を目論んだとされる事件。物証に乏しい事件であったが、異端審問所は訴追されたコンベルソとユダヤ人を有罪とし、死刑判決をくだした。

ユダヤ人追放

カトリック両王はユダヤ人居住地の「ゲットー化」、アンダルシーア地方からのユダヤ人追放、異端審問制度の導入など一連の政策を実施するが、巧妙な偽装改宗者（マラーノ、フダイサンテ）を生んだだけで、コンベルソ問題の抜本的解決にはいたらなかった。しかも異端審問所はユダヤ人がキリスト教社会の破壊を企てたような場合を除き、ユダヤ人にたいする裁判権を基本的にもっておらず、ユダヤ人が存在するかぎりコンベルソの「真の改宗」は期待できなかった。こうしたなかで一四九〇年「ラ・グアルディアの聖なる子」▲誹毀《ひき》裁判が開始され、異端審問長官のトルケマーダも関与して、大きな社会的関心を集めた。

同裁判が結審し、グラナダ陥落によりレコンキスタ運動が完了した直後の一四九二年三月（ユダヤ暦五二五二年五月）、カトリック両王は異端審問所や国王側近の有力コンベルソのかねてからの要求にそって、ユダヤ人追放令を発した。ユダヤ人に四カ月以内の改宗か追放かの二者択一を迫ったユダヤ人追放令の目的は、ユダヤ人の追放にあったのではなく、ユダヤ人の改宗とコンベルソの

「真の改宗」を促すことにあった。ユダヤ人追放による宗教的統合は、言語や歴史、法制度などを異にする複数の王国から構成されるモザイク国家スペインの政治・社会統合に不可欠の手段であり、「絶対王政」の大前提でもあった。

追放令により宮廷ユダヤ人を含む数万のユダヤ人が改宗▲する一方で、ユダヤ人民衆を中心とする七万〜一〇万人のユダヤ人が信仰を守ってスペインを離れた。改宗を拒否したユダヤ人は、王権の保護下に個人財産とユダヤ人共同体財産を処分し、奇跡とメシア到来を期待しながら、「第二の出エジプト（第二のディアスポラ）」を実践した。スペインのユダヤ人は、ポルトガル、オスマン帝国、北アフリカなどさまざまな地域に向かったが、とくに多くのユダヤ人を受け入れたのは、ポルトガルとオスマン帝国であった。しかし一四九六年末にはポルトガルでもユダヤ人追放令が出され、そのため改宗してスペインへ帰還するユダヤ人も少なくなかった。追放令後に改宗したユダヤ人を含めると、十五世紀末のコンベルソは二〇万人以上に達したといわれる。

このようにして一五〇〇年近くにわたるスペインのユダヤ人の歴史に、終止符が打たれたのである。

▼改宗した宮廷ユダヤ人　追放令により宮廷ユダヤ人を含む多くの有力ユダヤ人が改宗した。そうした宮廷ユダヤ人としては、カトリック両王側近の宮廷ラビ、アブラハム・セネオールが有名である。その一方で、信仰を守って追放令を甘受したイツハク・アブラバーネルのような宮廷ユダヤ人も、一部にみられた。

⑤—追放後のセファルディームとコンベルソ

拡散するセファルディーム

中世末期のヨーロッパ世界では、キリスト教徒民衆を主体とする反ユダヤ運動が大きな高まりをみせ、ドイツにあっても多くの都市でユダヤ人が追放された。十五世紀後半以降、アシュケナジームの大量脱出が始まり、十六世紀前半の宗教改革のなかで、ドイツのユダヤ人共同体は激減した。アシュケナジームの主要居住地はポーランドやリトアニアといった東ヨーロッパ世界に移動し、そこに新たなユダヤ人共同体が再建された。セファルディームもアシュケナジームと同様に、十五世紀後半にスペイン、ポルトガルを追放され、オスマン帝国をはじめとする地中海各地に拡散した。十五世紀後半はヨーロッパ全域のユダヤ人にとって、「第二のディアスポラ」の時代であり、スペインのユダヤ人追放もヨーロッパ全域で生じていた広範な追放の一部にすぎなかった。

イベリア半島を追われたユダヤ人の多くが定住したのが、イスタンブル、サフェドといったオスマン帝国支配下のイスラーム諸都市▲である。地中海の覇権

▼**イスラーム諸都市**　イスタンブル、サフェドと並んで、サロニカもセファルディームを中心とする多数のユダヤ人を受容した。繊維工業や印刷業の発展した十七世紀初頭のサロニカでは、都市人口の約七〇%がユダヤ人であったといわれる。

●ドイツを追放されるアシュケナジーム　スペインと同様に十五～十六世紀のドイツでも、多くのユダヤ人が追放された。ドイツを追われたユダヤ人(アシュケナジーム)は、主として東ヨーロッパ世界に拡散し、そこにユダヤ人共同体を再建した。

●スペインを追放されるセファルディーム　一四九二年にスペインを追放されたセファルディームは、ポルトガルやオスマン帝国をはじめとする地中海各地に拡散した。

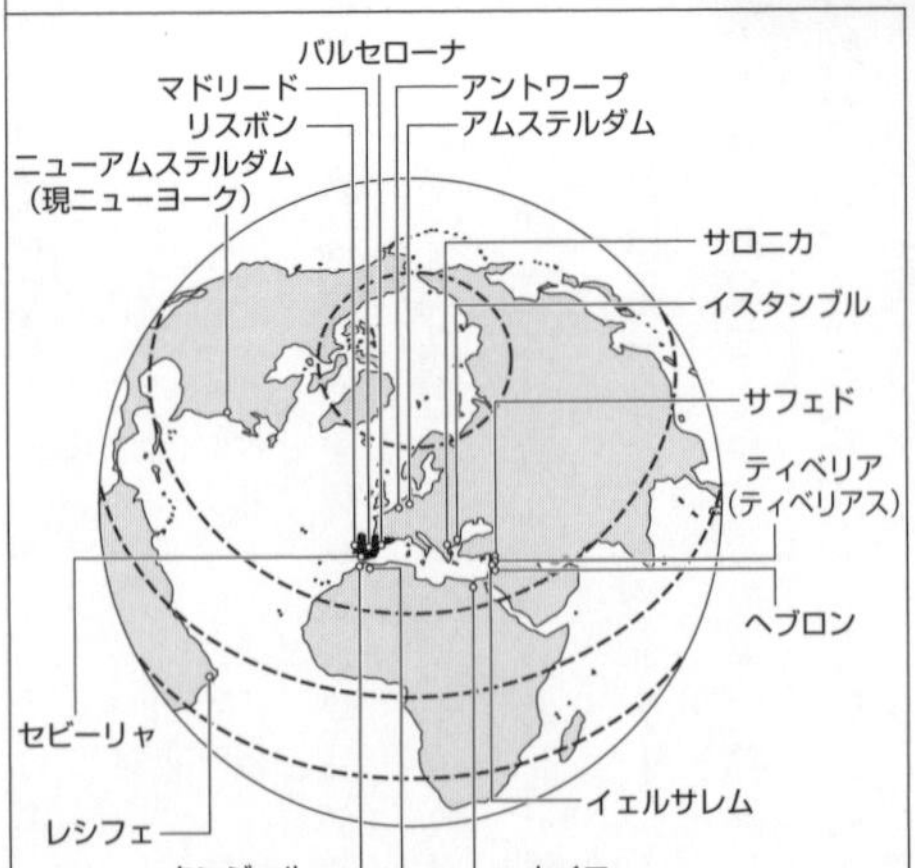

●拡散するユダヤ人

などをめぐってハプスブルク朝スペインと激突したオスマン帝国は、イベリア半島を追放されたセファルディームの資本、軍事技術などの技術力、情報ネットワークに注目し、彼らを積極的に誘致した。他方スペインやポルトガルのコンベルソの一部は、ポルトガルへの異端審問制度の導入、オランダ独立戦争、スペインのポルトガル併合、三十年戦争を契機に、イベリア半島を脱出してユダヤ教に再改宗し、「近代世界システム」の結節点アムステルダムに西ヨーロッパ最大のユダヤ人居住地を構築した。しかもスペインとオランダが関与した三十年戦争の過程で、オランダがブラジル東部の都市レシフェを占領（スペインのポルトガル併合により、ポルトガル領ブラジルは交戦国の一部とみなされた）したことから、セファルディームはアメリカ大陸にも進出したのであった。

追放によってセファルディームは、伝統的な居住空間である地中海地域を脱却し、またイスラーム世界、カトリック世界、プロテスタント世界というあい対立する宗教圏をこえて、地中海と大西洋に跨《またが》る国際的商業ネットワークを樹立できたのである。「近代世界システム」の一翼を担うこの商業ネットワークと、印刷技術の発展に支えられて、各地のユダヤ人共同体はヒト、モノ、カネ、

▼ポルトガルのコンベルソ　ポルトガルではコンベルソは、一般に「新キリスト教徒（クリスティアン・ヌオヴォ）」と呼ばれた。

▼ポルトガルへの異端審問制度の導入　ポルトガルでは一四九六年にユダヤ人追放令が出され、翌年ユダヤ人への強制改宗が実施された。ポルトガルに異端審問制度が導入された一五三六年以降、アントワープやアムステルダム、イスタンブルなどに脱出するコンベルソが増加した。

▼アムステルダム　十七世紀のオランダは、ヨーロッパ、アメリカ、アジアに跨る商業帝国を樹立し、「近代世界システム」の結節点となった。その中心となったのが、首都アムステルダムである。

情報の移動を活発に展開した。中世から近世へのユダヤ史の転換点を画する十七世紀半ばのシャブタイ・ツヴィ▲によるメシア運動も、この回路を通じて各地のユダヤ人共同体に伝えられ、大きな衝撃を与えた。一四九二年がスペイン・ユダヤ人史の終焉、したがって断絶を意味したにしても、それはたんなる断絶ではない。「マイノリティ」としてのセファルディームが、アメリカ大陸を含めた大西洋地域という異文化圏へ飛躍する起点ともなったのである。

世界最大のユダヤ人共同体

十五世紀末のスペインとポルトガルによるユダヤ人追放、一五三六年のポルトガルの異端審問制度導入を機に、十五世紀末〜十六世紀のイスタンブルには、多数のユダヤ人とコンベルソが流入した。当時のオスマン帝国の経済的繁栄と寛容な宗教政策が、その背景にあったことはいうまでもない。イスタンブルのユダヤ人は一五三五年には四万人をこえ、世界最大のユダヤ人居住都市となった。イスタンブルには先住ユダヤ人やアシュケナジームも居住しており、宗教儀礼などをめぐって対立が生じたが、やがて先住ユダヤ人は数的にも経済・文

▼**シャブタイ・ツヴィ**（一六二六〜七六）　ユダヤ神秘主義の影響を受けた小アジア出身のセファルディーム。メシアを称し、西ヨーロッパ世界を含む各地のユダヤ人に大きな期待をいだかせた。しかしオスマン帝国のスルタンにとらえられてイスラーム教に改宗し、彼のメシア運動は挫折した。ユダヤ人の精神的衝撃は大きく、ユダヤ史の中世から近世への転換を画する事件の一つとなった。

十七世紀前半のイスタンブル　イスタンブルは十六世紀前半に世界最大のユダヤ人居住都市となった。

化的にも優位に立つセファルディームに同化・吸収された。スペイン語にトルコ語やアラビア語などを混合させたラディーノ語が、地中海世界のユダヤ人の支配言語になるのは、こうしたセファルディームの優位と関連している。

セファルディームは法的にはズィンミー（庇護民）とされ、スルタンへの人頭税の支払いとイスラーム法の遵守を条件に、信仰の自由と自治権を認められた。イスタンブルのセファルディームは、スペインのユダヤ人共同体をモデルに自治的住民団体（共同体評議会）を再建したため、宮廷ユダヤ人を含む有力ユダヤ人とラビによる寡頭《かとう》支配が再現された。共同体評議会とユダヤ人裁判所は、経済力と高度な専門知識をもつ有力ユダヤ人によって独占され、そこで制定されたユダヤ人共同体条例とその実施規約がユダヤ人の生活全般を拘束した。

徴税権と課税割当て権も、アルハマ当局に帰属し、それを主要な財源として、シナゴーグや学校、施療院《せりょういん》などの公共施設が運営された。ユダヤ人共同体内部では、改宗を拒否したユダヤ人と再改宗したコンベルソ間に軋轢《あつれき》も生じたが、ギルドや兄弟団が組織され、一時的とはいえ宮廷ラビも任命されて、スペインのユダヤ人共同体との連続性は顕著である。セファルディームはヨーロッパの

グラシア・ナシ　グラシア・ナシは、十六世紀に「商業帝国」を樹立したヨーロッパ有数の「ビジネス・ウーマン」。

新しい軍事技術や印刷技術、毛織物工業などの産業技術も導入し、オスマン帝国の経済発展にも貢献したのであった。

有力ユダヤ人は金融業や徴税請負のほかに、スルタン側近の宮廷ユダヤ人や宮廷医として活動し、ヨーロッパ諸国との国際商業にも従事した。アメリカ貿易とアジア貿易の拠点都市セビーリャやリスボン、アムステルダムには、彼らの親族あるいは代理商であったコンベルソやユダヤ人商人が居住していたし、追放後の地中海世界にも多数のユダヤ人商人が定住していた。彼らはそのネットワークを利用して、地中海と大西洋を結ぶ大規模な国際商業を展開したのである。十六世紀のオスマン帝国で活躍したポルトガル系ユダヤ人のグラシア・ナシ(一五一〇頃～六九)と彼女の甥で娘婿のヨセフ・ナシ(一五二四頃～七九)は、その典型である。

グラシア・ナシはポルトガルのコンベルソの娘として生まれ、アントワープなどに拠点をおくポルトガル系コンベルソの銀行家と結婚した。夫の死後アントワープに移り金融業にたずさわった「ビジネス・ウーマン」で、コンベルソのポルトガル脱出を援助した。そののちユダヤ教に再改宗し、スレイマン一世

（在位一五二〇〜六六）のユダヤ人宮廷医などの支援でイスタンブルに移住した。イスタンブルでグラシア・ナシは、ムスリムとの共同出資会社を設立し、金融業や大規模な国際商業を手がけた。その資金によってシナゴーグや学校、施療院を建設し、出版事業を援助したばかりではない。一五五六年にイタリアの海港都市アンコーナ▲で多数のコンベルソが火刑にされると、オスマン帝国のユダヤ人商人にアンコーナ港の経済封鎖を呼びかけたのであった。

ヨセフ・ナシも、再改宗したポルトガル系コンベルソである。ヨーロッパ各地との商業・情報ネットワークを駆使して、叔母の「商業帝国」を拡大するとともに、セリム二世（在位一五六六〜七四）の外交顧問を勤め、ナクソス侯に任じられた。宮廷ユダヤ人としてオランダ独立戦争を支援し、コンベルソの救済や慈善活動に奔走する一方で、パレスティナ地方の小都市ティベリアの再開発権も付与された。ヨセフ・ナシは防衛用の城壁をめぐらしたティベリアにユダヤ人を入植させ、絹織物工業を興して、迫害と貧困に苦しむユダヤ人の救済に尽力した。アンコーナ港の経済封鎖とティベリアの再開発事業は、いずれも実を結ばなかったが、有力ユダヤ人による救済事業の一環として注目してよい。

▼**アンコーナ**　アドリア海に面した教皇領の海港都市で、同市のユダヤ人は主にオスマン帝国との貿易に従事した。十六世紀半ばのローマ教皇パウルス四世は、対抗宗教改革の一環として、反ユダヤ政策を強化し、二五人のコンベルソを火刑にした。

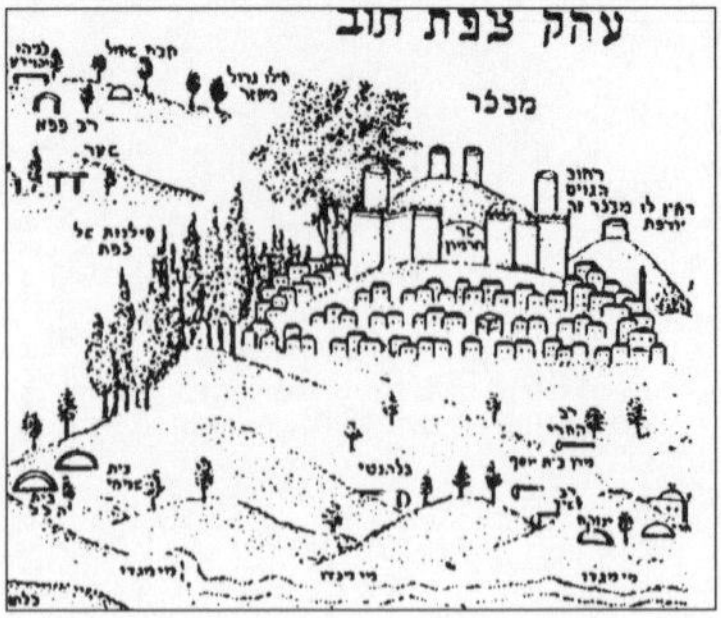

サフェド市街図

新たなユダヤ文化の創造

セファルディームとアシュケナジームの知識人が多く集まった、ガリラヤ湖北部の都市サフェドは、十六世紀にユダヤ法学、ユダヤ神学研究の中心都市となった。ユダヤ人が都市人口の約半数に達し、絹織物工業が盛んで、多数のイエシバ（ユダヤ神学校）があることでも知られた都市である。多数のユダヤ人亡命者を受け入れ、セファルディームとアシュケナジームの同居したサフェドでは、両者の対立と軋轢は避けられなかった。そうした対立と軋轢のなかから伝統的なセファルディーム文化とアシュケナジーム文化の統合が生み出され、ユダヤ文化の新たな地平が切り開かれたのである。それを代表するのが、伝統的なユダヤ法学とユダヤ神学を刷新したヨセフ・カロとイツハク・ルリアである。

ヨセフ・カロ（一四八八～一五七五）はイベリア半島を追われたセファルディーム系のラビで、十六世紀半ばにセファルディームとアシュケナジーム双方の法規範や生活規範を簡便に要約した『シュルハン・アルフ（整えられた食卓）』を著した。イツハク・ルリア（一五三四～七二）はアシュケナジーム系のラビで、近世を代表するユダヤ神秘主義者である。ルリアによれば、ユダヤ人追放のような信仰破壊は、神不在の空虚な空間に起因しており、それを脱却するには、戒律を遵守し、宇宙の調和を回復しなければならない。それがメシア到来の前提でもある。追放と迫害の神学的意味を追究したルリア神学は、ユダヤ人のあいだで広く受容され、追放にともなうユダヤ人の精神的トラウマを癒す糧ともなった。

日常言語と『タルムード』解釈を異にするセファルディームとアシュケナジーム社会は、追放を機に法規範や生活規範、ユダヤ人救済と密接に関連する追放の神学的解釈を共有しはじめるのである。それらはユダヤ人が導入した印刷技術に支えられて、双方に浸透し、両社会の統合に大きく貢献した。

「北のイェルサレム」

宗教戦争がゆきづまり、伝統的な政治・宗教規範が動揺した十六世紀末以降、ヨーロッパ全域で追放されたユダヤ人の再受容ないし再統合が始まる。既存の法や特権、宗教以上に国家の経済的利益を重視する重商主義政策、伝統的宗教規範から解放された、ジャン・ボーダン▲やグロティウス▲の新たな政治的主権概

▼**ジャン・ボーダン**（一五三〇頃〜九六）　近代的主権論にもとづいて王権の絶対性と宗教的寛容を主張したフランスの政治思想家。

▼**グロティウス**（一五八三〜一六四五）　「国際法の父」「近代自然法の父」とされ、国際法などに自然法思想を導入したオランダの法学者。自然法を根拠に宗教的寛容も主張した。

▼アムステルダムのアシュケナジーム　十七世紀アムステルダムのアシュケナジームは、多くが貧しいユダヤ人で、セファルディームとは別個のユダヤ人共同体を組織した。

念の台頭も、それを助長した要因であった。

アムステルダムのユダヤ人共同体の成立は、アムステルダム都市当局による寛容な宗教政策、一五八〇～九〇年代以降のオランダの軍事・経済的優位と密接に結びついている。アムステルダムが「近代世界システム」の結節点へ成長するとともに、アントワープやイベリア半島のセファルディームとコンベルソのみならず、ドイツや東ヨーロッパのアシュケナジーム▲も定住し、十七世紀には西ヨーロッパ最大のユダヤ人共同体が組織された。

「北のイェルサレム」アムステルダムに定着した有力セファルディームは、イベリア半島在住のコンベルソとの親族関係、国際商業に不可欠なスペイン語、ポルトガル語への精通、親族関係をこえた広範なユダヤ人ネットワークを背景に、大西洋、アジア、地中海貿易を展開し、アムステルダム商品取引所でも重要な役割を担った。ユダヤ系スペイン語新聞をつうじた政治・経済情報の獲得も、それに寄与したことはまちがいない。国際商業に加え、アムステルダムの有力セファルディームは、タバコ、精糖、ダイヤモンド研磨、印刷業といった新興産業にもたずさわった。こうした有力セファルディームの経済活動が、アムステルダム都市当局による寛容な宗教政策、セファルディーム共同体の法的認知、イベリア半島からオランダへの移民や資本移転とあいまって、共同体の拡大を促し、一六七二年にはアムステルダムのセファルディーム共同体は二五〇〇〜三〇〇〇人規模に達したのである。

　アムステルダムのセファルディーム共同体の自治機関（共同体評議会）は、有力ユダヤ人のなかから選出された七名の評議会員によって担われ、有力ユダヤ人による寡頭支配がここでも貫徹された。共同体評議会は共同体成員への裁判権、課税権をもち、救貧活動をおこない、都市当局にたいして共同体を代表した。シナゴーグ、学校、施療院、墓地といった公共施設を管理・運営して、重罪事犯への破門権や検閲権など、共同体生活全般にかかわる広範な権限を行使した。

　アムステルダムのユダヤ人共同体が生んだ異端の哲学者として知られるのが、神と自然を同視する汎神論者のスピノザ▲である。ユダヤ教とキリスト教という二つの宗教に引き裂かれたポルトガル系コンベルソの末裔スピノザは、『トーラー』や来世、ユダヤ人の社会組織を否定して破門宣告を受け、ユダヤ人共同

十七世紀のアムステルダムのシナゴーグ　十七世紀のアムステルダムに建設されたセファルディームのシナゴーグの外観である。

▼スピノザ（一六三二〜七七）　物質と精神の二元論、汎神論を主張して、ユダヤ人共同体から破門された哲学者。破門後は、レンズ工として生計を立てた。主著に『エティカ』『神学・政治論』がある。

体の「内なる追放者」となった。追放と迫害のなかから再生したユダヤ人共同体にあっても、あるいはそれだからこそ、既成の宗教規範への服属が強く求められ、異端者は厳しく処断されたのである。

アメリカ大陸のユダヤ人共同体

　レシフェは十七世紀初頭に、世界最大の砂糖生産地となったブラジル東部の主要都市である。このレシフェとアムステルダムなど西ヨーロッパ諸都市との砂糖貿易を担ったのは、スペイン語とポルトガル語に堪能で、ブラジルの事情にもつうじたコンベルソであった。一六二一年スペインとオランダの停戦協定が破棄され、スペインが通商禁止措置を発動すると、ポルトガル領ブラジルとの砂糖貿易は大打撃を受けた。そこでオランダ西インド会社▲は砂糖生産地の獲得に乗り出し、一六三〇年レシフェを占領しセファルディームを入植させた。

　レシフェ占領後オランダ政府と西インド会社は、本国以上に有利な経済特権と宗教的自由、市民権をユダヤ人に保証した。アムステルダムのセファルディーム共同体も、ユダヤ人の海外移住を積極的に推進し、その結果四〇〇

▼**オランダ西インド会社**　一六二一年に設立されたオランダの特権会社。アフリカとアメリカを主要な活動地域とし、一六二六年にはニューアムステルダム(現ニューヨーク)を建設した。

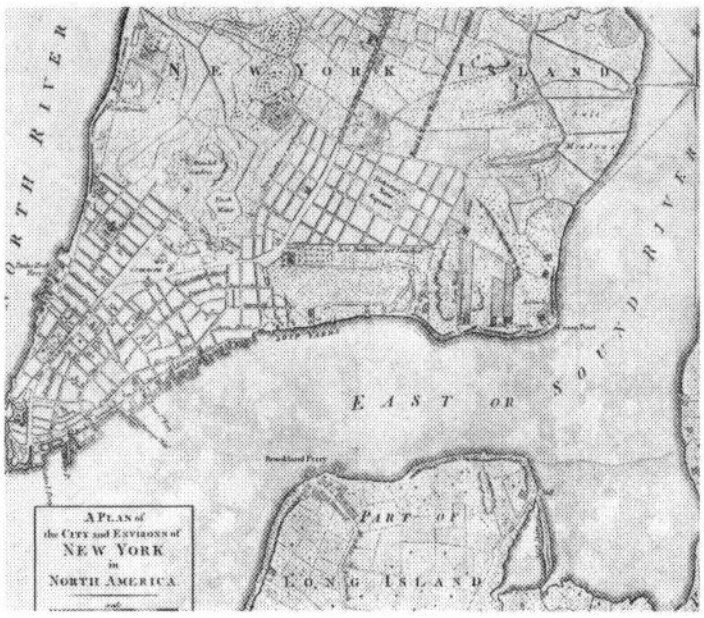

十八世紀末のニューヨークの都市プラン　現在、世界最大のユダヤ人居住都市であるニューヨーク。ここには、十七世紀半ばにセファルディームが入植した。

〜一六〇〇人規模のユダヤ人共同体がレシフェにつくられた。レシフェの有力ユダヤ人が主として従事したのは、砂糖貿易、黒人奴隷の売買、徴税請負であり、黒人奴隷を使ってサトウキビ・プランテーションを経営する者もみられた。共同体自治を担うレシフェの共同体評議会は、アムステルダムのそれと同様に、有力ユダヤ人による寡頭支配を特色とした。

このレシフェのユダヤ人共同体は、十七世紀半ばにポルトガル軍の侵攻によって崩壊するが、レシフェを逃れた一部のユダヤ人はニューアムステルダム（現ニューヨーク）に定住し、北アメリカ最初のユダヤ人共同体を樹立した。「ジューヨーク」とも呼ばれ、一九八〇年現在人口の約一五％、一二〇万人近くのユダヤ人を有する世界最大のユダヤ人居住都市ニューヨークの原点が、ここにある。

十六世紀のコンベルソと異端審問

十六世紀スペインのコンベルソは、多くが旧ユダヤ人街に居住し、改宗前と同様の職業に従事した。都市役人や国王役人、高位聖職者となったり、国際商業や銀行業、徴税請負にたずさわる有力コンベルソ、医者などの自由業従事者も一部にみられたが、コンベルソの多くは社会的上昇とは無縁であり、小売り商業と仕立て職、靴職、皮革職をはじめとする手工業に従事した。改宗前と同様のギルド、兄弟団に加入して相互扶助と慈善活動をおこない、コンベルソ間の同族結婚を積み重ね、親族関係にも大きな変化はなかった。同族結婚は、旧キリスト教徒（伝統的キリスト教徒）から不信の目を向けられたためでもあった。

しかしコンベルソ社会はユダヤ人共同体と異なり、裁判権や自治権をもたず、自治的行政機関も欠いており、コンベルソは、王権と旧キリスト教徒民衆の強い支持を受けた異端審問所に、個別に向き合わざるをえなかった。そればかりか異端審問所が親子、兄弟、夫婦、奉公人や奴隷の告発を奨励したため、家族、親族、ギルド、兄弟団といったコンベルソの社会的結合は、相互不信と憎悪によって寸断されたのである。コンベルソ社会内部にあっても、有力コンベルソとコンベルソ民衆間の軋轢、世代間の相違、キリスト教社会への同化をめぐる対立が浮上していた。

コンベルソ社会のこうした相互不信と対立を突いて、異端審問所はコンベルソの内通者▲を確保し、指導的立場にある有力コンベルソを最初の標的にすえつつ、コンベルソ社会の解体を進めることができたのである。旧キリスト教徒から疑惑の目を向けられ、家族関係や親族関係などを分断されて、アトム化されたコンベルソ。彼らは異端審問所に、剥《む》きだしの個として向き合わざるをえなかった、キリスト教社会の「内なる追放者」であり、つねに内面的緊張に晒《さら》されつづけた。フェルナンド・デ・ロハス▲の『ラ・セレスティーナ』、マテオ・アレマン▲のピカレスク(悪漢)小説は、そうしたコンベルソの内面的緊張の表出でもあった。

　コンベルソのなかには、ユダヤ教の宗教儀礼を守りキリスト教社会への同化を拒否する偽装改宗者(マラーノ、フダイサンテ)、真の改宗者、同化拒否と真の改宗のあいだでゆれ動くコンベルソの三類型があったが、もっとも多かったのは第三の類型であった。第一類型のコンベルソは、多くが異端審問裁判で火刑に処せられたり、国外に逃亡した。第三類型のコンベルソも、異端審問裁判にかけられたが、免訴されることが多く、世代をかさねるにつれて、キリスト

▼コンベルソの内通者　旧キリスト教徒と結婚して、コンベルソ社会から排除された者が少なくない。

▼フェルナンド・デ・ロハス(一四六五頃〜一五四一)　人間心理を鋭く洞察した『ラ・セレスティーナ』は、近代文学の出発点ともされる作品。ロハスの父は、異端審問裁判で火刑にされている。

▼マテオ・アレマン(一五四七〜一六一五)　『グスマン・デ・アルファラチェの生涯』は、ピカレスク小説流行の先駆となった作品の一つ。

▼**訴追されたコンベルソ**　罪状とされたのは、イエスの神性や『新約聖書』の否定、ユダヤ教の戒律の遵守などである。

サンベニートと三角帽子をまとったマラーノ(一六八〇年)　フランシスコ・リシ作。アウト・デ・フェに召喚されたマラーノ。

教社会への同化率を高めた。

十九世紀前半まで続く異端審問所に訴追されたコンベルソ▲は約三万八〇〇〇人にのぼるが、その四分の三にあたる約二万八五〇〇人は一四八〇〜一五一〇年代に訴追された。当時のコンベルソを約二〇万人とすると、コンベルソの多くは訴追されなかったことになる。このことは異端審問制度、コンベルソの同化を考えるうえで重要な意味をもつ。

有罪判決を受けたコンベルソは、サンベニート(黒ないし黄色地の外衣で、前後に赤い十字が描かれた恥辱服)を着せられ、主要都市のプラサ・マヨール(大広場)で挙行されるアウト・デ・フェ(異端判決宣告式)に参加しなければならなかった。微罪とされた者はそこで異端誓絶を誓い、教会と「和解」したうえで、保釈金を支払って釈放されたが、確信犯や累積犯といった重罪事犯は世俗権力に引き渡され、都市郊外の火刑場で判決を執行された。しかし実際に火刑に処されたコンベルソはそれほど多くはなく、一四八〇年代〜一五〇一年のトレードの異端審問所では、約五〇〇人の火刑者のうち、肖像火刑と遺骸火刑者が約三〇〇人、実際の火刑者は約二〇〇人であった。異端審問制度はこうした点からも、「脱神話化」が必要であろう。アウト・デ・フェは国王や有力貴族、都市役人などが参加して、祭日の早朝から夕方までおこなわれ、多数のキリスト教徒民衆が見物に集まった。アウト・デ・フェはこれらのキリスト教徒民衆に、最後の審判を想起させ、民衆教化、社会的規律化の手段としても役立った。

　教会と「和解」し釈放されたコンベルソの生活も、決して楽ではなかった。「和解者」は日曜と祭日の教区教会のミサへの参加、年二回の告解と金曜日の断食などを義務づけられ、財産と官職を奪われたからである。そればかりか「和解者」の名前とサンベニートは、六年間カテドラルや教区教会に掲示されたのであり、恥辱のある家系名は、人びとの記憶のなかに長期にわたってとどめられたのである。そのため「和解者」はほかの都市への移住や改名をよぎなくされたのであり、異端審問所の書記に賄賂を贈って、裁判記録の改竄《かいざん》や焼却を依頼する者も少なくなかった。十六世紀のスペインを代表するキリスト教神秘主義者サンタ・テレサ▲の祖父は、そうした「和解者」の一人である。コンベルソは、十六世紀後半の日本とも無縁ではなかった。イエズス会初代布教長コスメ・デ・トーレスは、バレンシアのコンベルソ家門の出身である。

一六八三年のアウト・デ・フェ

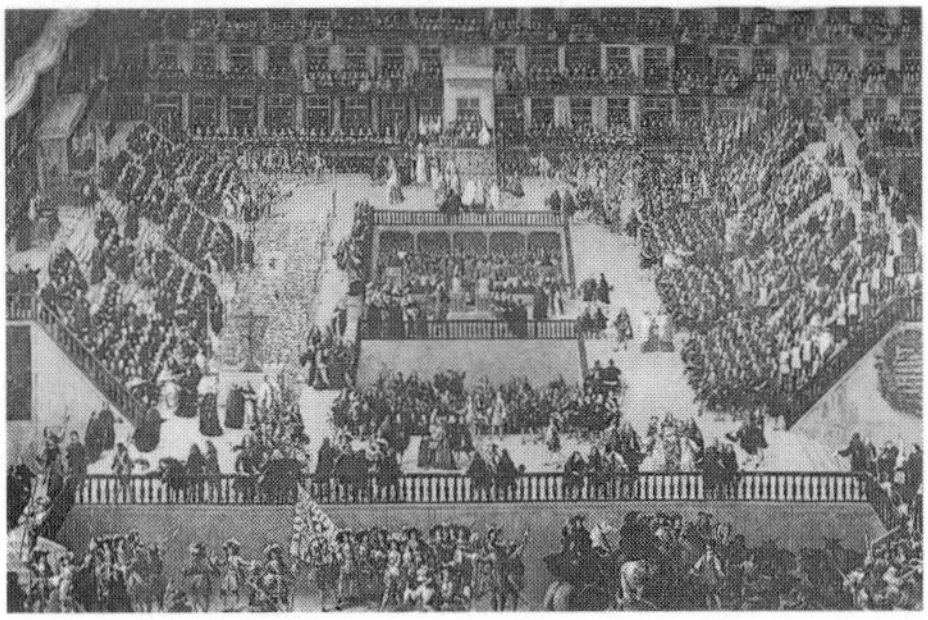

▼サンタ・テレサ（一五一五～八二）　厳格な修道生活を重視し、改革を断行したカルメル会修道女で、アビラのサンタ・テレサとして知られる。祖父は有罪判決を受けたコンベルソ。神秘思想を代表する『霊魂の城』や、自らの精神遍歴をたどった『自叙伝』などを残している。一六二二年に列聖された。

グアダルーペ修道院　多くの巡礼者を集める「黒いマリア像」で有名な修道院。

▼ヒエロニムス会　十四世紀のスペインで拡大したアウグスティヌス会則による修道会。エストレマドゥーラ地方のグアダルーペ修道院は、ヒエロニムス会の主要修道院の一つ。

「血の純潔規約」

「血の純潔規約」とは、三〜四世代を遡ってユダヤ人やイスラーム教徒など異教徒の「血」のまじった瑕疵《かし》のある家系に連なる者(コンベルソやモリスコ)を、官職、教会や修道院、大学の学寮、ギルドや兄弟団などから排除する規定を指す。「血の純潔規約」の直接の先例となったのは、コンベルソを都市官職から排除した一四四九年のトレードの「判決法規」(六一頁参照)であり、十五世紀後半の反コンベルソ運動を契機に、コルドバでも同様の法規が成立した。

キリスト教徒民衆の「宗教的人種的偏見」と連動した、コンベルソ排除運動が進行するなかで、十五世紀末にはグアダルーペ事件も発生する。コンベルソ修道士を受容していたヒエロニムス会▲のグアダルーペ修道院で、複数の修道士の偽装改宗が発覚した事件が、これである。そのためヒエロニムス会は、ほかの修道会に先駆けて「血の純潔規約」を導入し、やがてドミニコ会も激論のすえ、最終的には「血の純潔規約」導入に踏みきった。「血の純潔規約」が聖書の言説、教会法に抵触することは明らかであり、それが修道会内部で激しい論争▲を引き起こした原因であった。

「血の純潔規約」は、フェリーペ二世（在位一五五六〜九八）、ローマ教皇、トレード大司教があいついでこれを承認した十六世紀半ば以降、地域差や内部対立をともないながらも、スペイン各地の教会、都市当局、サラマンカ大学▲などの学寮、ギルドや兄弟団に徐々に浸透していく。しかし導入への批判も少なくなく、例えば異端審問所は、少なからぬコンベルソを内部にかかえていたことから、「血の純潔規約」の導入にかならずしも積極的ではなかった。

「血の純潔規約」が貴族間の権力闘争の手段に利用され、近世スペイン社会の閉鎖性を強化したことは否定できないにしても、それは貨幣の一面である。「血の純潔規約」はコンベルソの同化、社会的上昇への危機意識の表明であり、逆説的ではあるが、スペイン社会の開放性を示すものでもある。キリスト教徒民衆により支持された「血の純潔規約」により、下級貴族ですらその身分と地位を失ったからであり、これを一種の「社会革命」▲とみることもできる。瑕疵《かし》のない家系（名誉）を正当な支配の根拠とした「血の純潔規約」が、近世のスペイン社会に与えた影響は大きく、黄金世紀のスペイン演劇を代表するローペ・デ・ベーガ▲などの戯曲で名誉が中心テーマとなるのも、これと深くかかわって

▼**論争**　とくに深刻であったのは、多くのコンベルソをかかえ、コンベルソの第二代総長を擁したイエズス会である。イエズス会の「血の純潔規約」導入は、十六世紀末まで持ち越されることになる。

▼**サラマンカ大学**　十三世紀に成立した、現存するスペイン最古の大学。法学、神学研究が中心。十六世紀に国際法理論の基礎を築いたビトリアなどのサラマンカ学派を生む。

▼**「社会革命」**　「血の純潔規約」の対象となったのは、下級貴族までで、有力貴族や国王役人、高位聖職者には基本的に適用されなかった。

▼**ローペ・デ・ベーガ**（一五六二〜一六三五）　悲劇的要素と喜劇的要素の混合、名誉感情の導入によりスペイン演劇を確立した劇作家。『王こそ無二の判官』は代表作の一つ。

いる。

十七～十八世紀のコンベルソと異端審問

異端審問所に公訴されたコンベルソ数は、十五世紀末～十六世紀前半に頂点に達し、以後、減少していく。世代をかさねるにつれて、スペインのコンベルソの同化が進行したことが、その主たる原因であった。そこで十六世紀後半の異端審問所は、コンベルソにかわりプロテスタント、アルンブラード(光明派)▲、同性愛者、重婚者への取締りを強化した。スペイン以上にキリスト教社会から排除され、偽装改宗者の比率の高いポルトガルのコンベルソも問題であった。一五八〇年のポルトガル併合とともに、約五万人と推定されるポルトガル系コンベルソの一部が、スペイン帝国の首都マドリードやアメリカ貿易の拠点都市セビーリャに還流しはじめるからである。

フェリーペ四世(在位一六二一～六五)の宰相オリバーレス▲による「血の純潔規約」の緩和、コンベルソ誘致政策が、それをさらに助長した。一六二一年に対オランダ戦争(三十年戦争の一環)を再開したオリバーレスは、スペイン帝国

▼**アルンブラード**　キリスト教神秘主義と関係が深く、教会の宗教儀礼よりも内面的信仰を重視した。コンベルソの女性が多数参加したことで知られる。

▼**オリバーレス**(一五八七～一六四五)　フェリーペ四世の寵臣で、リシュリューと同時代の宰相。内外政策の失敗により一六四三年に失脚した。

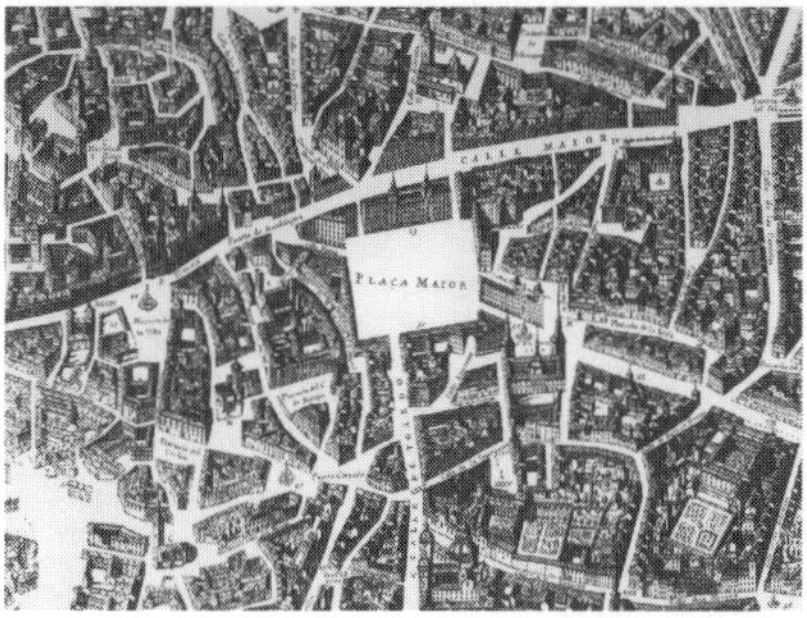

フェリーペ四世時代のマドリード市街図　宰相オリバーレスの政策により、フェリーペ四世時代のマドリードには、多くのポルトガル系コンベルソが定住した。

防衛のためヨーロッパ戦線と中南米にスペイン軍を投入した。戦線を維持するには、莫大な資金と武器、弾薬、食糧の補給、多数の兵士の動員が不可欠であったが、大幅な人口減少と経済危機で疲弊したスペインとりわけカスティーリャに、もはやそれだけの余裕はなかった。カスティーリャ経済の負担と兵站《へいたん》問題は、未曾有の困難に直面していたのである。

それを打開するためオリバーレスは、マドリードとアントワープに拠点をもつポルトガル系コンベルソ銀行家に、王室財政の半分を委ね、彼らを介して各地に展開するスペイン軍への資金と戦略物資の供給をはかった。オリバーレスの親コンベルソ政策を背景に、マドリードやセビーリャに定住するポルトガル系コンベルソも増加した。ユダヤ人やコンベルソの受容は、当時の西ヨーロッパ世界で追求された重商主義政策と軌を一にした動きでもあった。だがオリバーレスの帝国防衛政策は、国制改革、軍事・租税制度の変革なしには不可能であり、それがポルトガルとアラゴンの分離・独立運動を誘発した。

一六四三年、戦況の悪化もかさなってオリバーレスが失脚すると、異端審問所はポルトガル系コンベルソの摘発を強化し、異端審問活動は第二の頂点に達

▼**エンリケス・ゴメス**（一六〇〇～六三）　織物商と劇作家を両立させたポルトガル系コンベルソ。オリバーレス時代の一六三九年にセビーリャにもどり、フェルナンド・デ・サラーテという偽名を使って「コメディア（悲喜劇）」を発表した。

した。一六五〇～六〇年代に異端審問裁判が激増し、多数のコンベルソが偽装改宗者として処断される一方、国外へ脱出するコンベルソもあとを絶たなかった。劇作家として知られるエンリケス・ゴメス▲は、そうしたコンベルソの一人である。彼は異端審問所の摘発を恐れて、一時フランスに逃亡するが、密かにセビーリャにもどり、偽名を使って作品を書きつづけた。十七世紀のスペインでは、マドリードやセビーリャといった主要都市に常設劇場が開設され、名誉をテーマとした民衆演劇がさかんに演じられた。エンリケス・ゴメスのスペイン密入国は、こうしたバロック演劇の盛行と無縁ではあるまい。しかし異端審問所の追及を逃れることはできず、一六六〇年肖像火刑に処され、逮捕、収監されたのち、六三年セビーリャで獄死した。

コンベルソへの異端審問活動は、ブルボン朝時代にはいっても持続するが、偽装改宗者がほぼ根絶されたこともあり、十八世紀前半を境にほぼ活動を停止した。十八世紀後半の啓蒙改革期には、異端審問所が啓蒙改革への阻害要因とみなされ、改革派官僚からの批判に晒されたばかりか、異端審問所の権限縮小もはかられたのであった。

一八三四年の異端審問制度廃止令 一八三四年七月、イサベル二世の摂政マリア・クリスティーナは、王令を発布して、異端審問制度を廃止した。

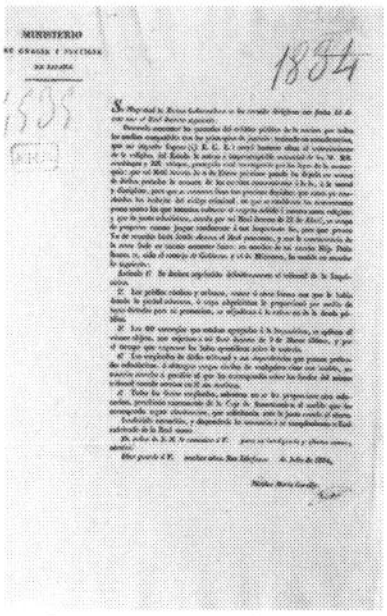

▼**モロッコ戦争**（一八五九〜六〇年） スペイン領セウタをめぐる紛争に端を発したモロッコとの戦争。スペイン軍はこの戦争に勝利し、テトゥワンを占領した際、同地のユダヤ人によりラディーノ語で歓待された。

▼「**九八年の世代**」 米西戦争の敗北により、スペインの衰退と後進性を自覚させられた知識人の総称。ウナムーノは、これを代表する哲学者の一人である。

ユダヤ人への宗教的寛容と国籍付与

異端審問制度は、スペイン独立戦争（ナポレオン戦争）末期の一八一三年に一度、撤廃された。その後、何度か復活と撤廃を繰り返しながら、一八三四年に正式に廃止された。「血の純潔規約」は一八六五年に撤廃され、一八六九年憲法でカトリック以外の宗教も許容されて、宗教的寛容への第一歩が切り開かれた。だが政治的振幅の大きい十九世紀後半のスペインにあって、宗教的寛容の定着は容易ではなく、一八七五年には、ふたたびカトリックがスペインの国教とされて、ユダヤ人への宗教的寛容は大幅に後退した。

十九世紀後半はスペインが、各地に追放されたセファルディームを「再発見」し、受容していく時代であった。その主要契機となったのは、一八五九〜六〇年のモロッコ戦争▲であり、テトゥワンやタンジールなどのセファルディームの一部が、アンダルシーア地方に定住した。一九一〇年代までには、「九八年の世代▲」に属する上院議員のプリード・フェルナンデス（一八五二〜一九三二）により、追放後も、ラディーノ語（一一頁参照）やスペイン文化を保持する北アフリカ、バルカン半島、トルコ、東欧などのセファルディームが「再発見」され、彼らの受容と彼らへのスペイン国籍付与が検討されはじまった。これらの地域のセファルディームを糾合し、米西戦争により失われたスペイン帝国の栄光を回復しようとの「文化帝国主義」▲、セファルディームとの提携による東地中海への経済進出が、その背景にあったことはいうまでもない。一九一二年に成立したスペイン保護領モロッコ▲の植民地経営も、当然、視野のうちに収められていた。保護領最大の宗教的マイノリティであるセファルディームを同盟者とすることによって、スペインは、ムスリムが多数を占める同植民地を安定的に経営できたからである。

そのうえで一九二四年にプリモ・デ・リベーラ▲政権は、フランス政府の措置に倣って、六年以内の申請を条件に、バルカン半島、トルコ、東欧などのセファルディーム数千人にスペイン国籍を付与したのである。これによってスペインの反ユダヤ主義が払拭されたわけではなかったが、セファルディームへの国籍付与は、ユダヤ人追放令の事実上の破棄を意味しており、スペイン・ユダヤ人史の転換点の一つを画するものであった。

▼「文化帝国主義」　本来は植民地支配を目的とした宗主国の言語、教育、宗教政策などを意味している。ここでは同一の言語や文化への帰属意識を利用した、他地域への経済進出を指す。

▼スペイン保護領モロッコ　一九一二年のフランスとの分割協定により、モロッコ北部に設定されたスペインの植民地で、首邑都市はテトゥワン。モロッコの独立した一九五六年、スペインは一部を除き、その領有権を放棄した。

▼プリモ・デ・リベーラ（一八七〇～一九三〇）　一九二三年クーデタによって政権を掌握した軍人で、三〇年まで軍事独裁を維持した。

フランコ（一八九二～一九七五）**の公式肖像画**　枢軸国の劣勢が明確になった一九四三年以降、フランコは一部のユダヤ人を救済した。フランコの祖父は、ポルトガル系のコンベルソともいわれる。

現在のマドリードのシナゴーグ内部　現在スペインではマドリード、バルセローナ、マラガなどにシナゴーグがあり、この三都市にはラビもいる。

フランコ政権以降のユダヤ人政策

一九三一年憲法は政教分離を定め、信教の自由を広範に認めたが、教会を支持基盤の一つとしてスペイン内戦に勝利したフランコ政権は、これを否認した。第二次世界大戦が勃発すると、フランコ政権は枢軸国側に接近する姿勢をみせながらも、基本的には中立を維持した。開戦と同時にスペイン国境には、スペイン国籍をもつセファルディームや外国籍のユダヤ人が押し寄せ、フランコ政権はユダヤ人難民の受入れ問題に直面した。右派の新聞やラジオの反ユダヤ・プロパガンダ、ナチズムの影響、スペイン内戦による疲弊も手伝って、フランコ政権は明確なユダヤ人政策を打ち出せないまま、ユダヤ人政策を二転三転させた。フランコ政権が難民問題に積極的に取り組みはじめたのは、枢軸国側の戦況が悪化した一九四三年以降であり、ドイツとの外交交渉のすえ、フランスやバルカン半島、東欧などの在外公館をつうじてスペイン国籍をもつセファルディーム、外国籍のユダヤ人を保護した。国家主権にかかわる問題として、ベルゲン・ベルゼン強制収容所に移送された、スペイン国籍をもつ三六〇人あまりのセファルディームの返還を請求したのも、この時期である。それはアメリ

▼セファルディームの数　フランコ政権が救済したセファルディームの数については、諸説がある。第二次世界大戦後の国際的孤立から脱却するために、フランコ政権が、これを政治的に利用したことにもよる。

▼人種論的反ユダヤ主義（アンティセミティズム）　十九世紀以降の生物学や人類学などの知見を基に、進化の頂点に位置するアーリア人の優位と、ユダヤ人の排除ないし絶滅を主張した疑似科学的言説。

カ政府やアメリカのユダヤ人団体の圧力、国際世論に配慮した結果でもあった。しかしフランコ政権が受け入れたスペイン国籍をもつセファルディームの数▲は限定されており、入国を許可されたセファルディームにしても、できるだけすみやかに第三国に出国するよう勧告された。

　以上のような制約はあるものの、フランコのユダヤ人政策は、ユダヤ人の「絶滅」を期したヒトラーのそれと大きく異なっていた。フランコにとってもユダヤ人は、「本質的に悪」であったが、彼らは優越したスペイン文化によって「純化され」「改善されうる」異教徒であった。フランコのユダヤ人観は、スペインの歴史的伝統に根ざしたものであり、フランコは「ヒトラーのような信念をもった（人種論的）反ユダヤ主義者▲ではなかった」のである。フランコ政権のユダヤ人政策が政治状況によって左右されたのも、フランコのそうしたユダヤ人観に一因があるのかもしれない。

　第二次世界大戦後のフランコ政権は、一時期枢軸国側に接近したことから、国際的に孤立し、イスラエルとの関係も悪化した。しかし国際社会に復帰したあとの一九六〇年代末には、カトリック両王のユダヤ人追放令を公式に破棄し、

▼**第二バティカン公会議**（一九六二〜六五年）　カトリック教会の刷新と現代化の一方で、プロテスタント教会、ユダヤ教会、東方教会との和解を進めた公会議。

マドリードのユダヤ協会とシナゴーグ建設を承認したのであった。第二バティカン公会議▲でローマ教皇庁、カトリック教会が推進した異教徒への宗教的寛容策も、フランコ政権の政策転換に大きな影響を与えた。

フランコ体制が崩壊し、新たに民主的な憲法が制定された一九七八年、思想および信仰の自由が再確認された。一九八二年セファルディームの国籍取得条件が大幅に緩和され、八六年にはイスラエルとの国交も樹立されて、九二年段階で約一万二〇〇〇〜二万人のユダヤ人がマドリードやバルセローナを中心にスペインに居住している。これはユダヤ人追放後最大の数字である。

ユダヤ人、コンベルソ問題は、中世以来のスペイン・キリスト教社会に突きつけられた根源的問題の一つであった。「神の言葉」と「神の解釈」を異にする「他者」ユダヤ人が、スペイン社会に再受容されるまで、五〇〇年近くの歳月を必要としたのも、それに起因している。「マイノリティ」「内なる他者」としてのセファルディームとコンベルソのたどった歴史は、「マジョリティ社会（キリスト教社会）」の歴史と不可分であり、その「他者」認識の表出でもあった。ある意味でスペインの歴史は、スペインがユダヤ人問題、コンベルソ問題から解放される長く困難な歴史であるといっても過言ではない。

参考文献

石田友雄『ユダヤ教史』山川出版社　一九八〇年
上田和夫『ユダヤ人』講談社現代新書　二〇〇一年
臼杵陽『「ユダヤ」の世界史』作品社　二〇二〇年
大内一「十三世紀カスティーリャ王国における『共存』のリアリティ」『Ex Oriente』vol.4　二〇〇〇年
桐谷佳裕「アルバロ・デ・ルーナの破滅とコンベルソの関係」『史友』第三三号　二〇〇一年
熊倉庸介「十二世紀の翻訳活動」『国際短期大学紀要』第二号　一九八七年
小岸昭『離散するユダヤ人』(岩波新書) 岩波書店　一九九七年
小岸昭『スペインを追われたユダヤ人』人文書院　一九九二年
斎藤寛海「シャイロックの時代のユダヤ人」『一橋論叢』第一一六巻第四号　一九九六年
坂本宏「トレドのアルンブラード裁判」『スペイン史研究』第一二号　一九九八年
桜田美津夫「オランダ共和国のユダヤ人」『史観』第一四〇冊　一九九九年
芝紘子『スペインの社会・家族・心性』ミネルヴァ書房　二〇〇一年
関哲行「中小都市のユダヤ人社会を読む」『歴史を読む』東洋書林　一九九八年
関哲行「中近世の地中海世界と大西洋世界におけるユダヤ人共同体」『流通経済大学社会学部論叢』第一〇巻第一号　一九九九年

関哲行『スペイン巡礼史』講談社現代新書　二〇〇六年
関哲行「中世末期スペインのユダヤ人初等教育」『教育の社会史』知泉書館　二〇〇六年
関哲行「追放期(十五〜十六世紀)ユダヤ人の聖地巡礼」『環地中海世界の聖地巡礼と民衆信仰』(科研報告書) 二〇〇七年
関哲行・立石博高・中塚次郎編『世界歴史体系スペイン史　1・2』山川出版社　二〇〇八年
滝川義人『ユダヤを知る事典』東京堂出版　一九九四年
立石博高編『スペイン・ポルトガル史』(新版世界各国史16) 山川出版社　二〇〇〇年
玉置さよ子『西ゴート王国の君主と法』創研出版　一九九六年
田村愛理『歴史のなかのマイノリティ』(世界史リブレット53) 山川出版社　一九九七年
中島聡子「異端審問所と民衆」『スペイン史研究』第一一号　一九九七年
林邦夫「十五世紀前半カスティーリャにおけるコンベルソ問題」『歴史学研究』第四六一号　一九七八年
林邦夫「バルトロメ・カランサ研究の動向」『鹿児島大学教育学部研究紀要』第三五巻　一九八四年
林邦夫「『ラ・グアルディアの聖なる子』事件(1)(2)」『鹿児島大学教育学部研究紀要』第四〇巻、四一巻　一九八八〜八九年
深澤安博「二十世紀初頭のスペインのアフリカニスモ」『人文学科論集』第三十八号　二〇〇二年
宮武志郎「十六世紀オスマン朝における一ユダヤ教徒と情報ネットワーク」『研究紀要』一九九四年
宮武志郎「十六世紀オスマン朝宮廷とユダヤ教徒」『私学研修』第一三七号
宮前安子「十六世紀スペインにおける異端審問制度の地方的展開をめぐって」『スペイン史研究』第二号　一九八四年

歴史学研究会編『巡礼と民衆信仰』青木書店　一九九九年
シーザー・C・アロンスフェルド（立石博高訳）『一四九二年の亡霊』東京外国語大学海外事情研究所研究報告一一二　一九九八年
リチャード・L・ケーガン（立石博高訳）『夢と異端審問』松籟社　一九九四年
エリー・ケドゥリー編（関哲行他訳）『スペインのユダヤ人』平凡社　一九九五年
ペーター・シェーファー（上村静、三浦望訳）『タルムードの中のイエス』岩波書店　二〇一〇年
ロニー・ポチャ・シャー（佐々木博光訳）『トレント一四七五年』昭和堂　二〇〇七年
マックス・I・ディモント（藤本和子訳）『ユダヤ人』下（朝日選書）朝日新聞社　一九九一年
フランシスコ・マルケス・ビリャヌエバ（小林一宏他訳）「トレード翻訳学派新考」『スペイン文化シリーズ』二号　上智大学イスパニア・センター　一九九三年
ハイム・ヒレル・ベンサソン（村岡崇光訳）『ユダヤ民族史』第三・四巻　六興出版　一九七七年
ニコラス・デ・ランジュ（長沼宗昭訳）『ジューイッシュ・ワールド』朝倉書店　一九九六年
ニコラス・デ・ランジュ（柄谷凜訳）『ユダヤ教入門』岩波書店　二〇〇二年
セシル・ロス（長谷川真他訳）『ユダヤ人の歴史』みすず書房　一九六六年

図版出典一覧

A. Manuel Hespanha (ed.), Diáspora e expansão, *Oceanos*, núm. 29, 1997. 扉, *10, 43, 70*上, *74, 79*
E. Kedourie (ed.), *Spain and the Jews*, London, 1992. *52*
J. L. Lacave, *Sefarad, sefarad, la España judía*, Barcelona, 1987. *12, 18, 21, 45, 55*上, 下, *93*
J. L. Martín, *Historia de Castilla y León*, t.4, Valladolid, 1985. *31*
J. R. Magdalena Nom de Déu, *Relatos de viajes y epístolas de peregrinos judíos a Jerusalén*, Barcelona, 1987. *4, 76*
L. Suárez Fernández etc., *Historia general de España y América*, t.17, Madrid, 1986. *93*
M. A. Motis Dolader, *Los judíos en Aragón en la edad media*, Zaragoza, 1990. カバー表, *34*左, *39, 40, 70*中
Ministerio de Cultura, *La vida judía en sefarad*, Toledo, 1991. カバー裏, *5, 8, 9, 22, 27, 30, 32, 34*右, *37, 41, 48, 49, 50, 53, 59, 60, 63, 65*右, 左, *66, 67, 84, 85, 91*
R. Mosca (ed.), *Storia Universale*, Milano, 1979. *81*
T. Vogt (ed.), *Istanbul*, Zürich, 1990. *73*
Y. Moreno Koch, *Fontes iudaeorum regni castellae*, vol.15, Salamanca, 1987. *58, 59*右
Los planos de Madrid y su época (1622–1992), Museo de la Ciudad, Madrid, 1992. *89*
中山瞭 *16, 19, 86*

世界史リブレット59

スペインのユダヤ人《じん》

2003年 4 月20日　1版1刷発行
2021年 3 月31日　1版6刷発行

著者：関《せき》　哲行《てつゆき》

発行者：野澤武史

装幀者：菊地信義

発行所：株式会社 山川出版社

〒101-0047　東京都千代田区内神田 1 -13-13
電話　03-3293-8131(営業)　8134(編集)
https://www.yamakawa.co.jp/
振替　00120-9-43993

印刷所：明和印刷株式会社

製本所：株式会社 ブロケード